地图学实习教程

王琪　张唯　晁怡　陈瑶　吴大平　黄晓萍　编著

中国地质大学出版社有限责任公司
ZHONGGUO DIZHI DAXUE CHUBANSHE YOUXIAN ZEREN GONGSI

图书在版编目(CIP)数据

地图学实习教程/王琪,张唯,晁怡,陈瑶,奚大平,黄晓萍编著. —武汉:中国地质大学出版社有限责任公司,2012.12

ISBN 978-7-5625-3015-2

Ⅰ.地…

Ⅱ.①王…②张…③晁…④陈…⑤奚…⑥黄…

Ⅲ.地图学-实习-教程

Ⅳ.F28

中国版本图书馆CIP数据核字(2012)第266177号

地图学实习教程

王 琪 张 唯 晁 怡 陈 瑶 奚大平 黄晓萍 编著

责任编辑:王凤林　　选题策划:郭金楠　　责任校对:张咏梅

出版发行:中国地质大学出版社有限责任公司(武汉市洪山区鲁磨路388号)　　邮政编码:430074

电话:(027)67883511　　传真:67883580　　E-mail:cbb @ cug.edu.cn

经　销:全国新华书店　　http://www.cugp.cug.edu.cn

开本:787毫米×1 092毫米 1/16　　字数:540千字　　印张:21

版次:2012年12月第1版　　印次:2012年12月第1次印刷

印刷:武汉珞南印务有限责任公司　　印数:1—2 000册

ISBN 978-7-5625-3015-2　　定价:38.00元

目　　录

目 录

实习一　认识地图

地图是以一定的数学法则，将客体（一般指地球，也包括其他星球）上的地理信息，通过制图综合，并运用符号系统表示在一定载体上的图形，用来传递它们的数量和质量在时间与空间上的分布规律和发展变化。

地图的种类很多，可以根据不同的特征进行分类：

(1)按内容，地图可分为普通地图与专题地图。

(2)按比例尺，地图可分为大、中、小比例尺地图。

(3)按区域，地图可分为宇宙图、星球图、地球图；世界图、大洲图、大洋图；国家图及下属各地区的地图；局部区域图，如海域图、流域图等。

(4)按可视化状况，地图可分为实地图和虚地图。

(5)按其使用方式，地图可分为桌面用图、挂图、电子地图和随身携带图。

(6)按其表达形式，地图可分为影像地图、线划地图、数字地图、缩微地图和立体地图等。

(7)按其外形特征，地图可分为平面状地图、三维立体状地图、球状地图等。

(8)按其感受方式，地图可分为视觉地图和触觉地图（盲文地图）。

(9)按历史年代，地图可分为史前地图、古地图、近代地图和现代地图。

一、目的

通过对学校现有地图、地图集的参观、阅读，使学生在过去已有的直观认识的基础上，对地图有着更科学、系统和全面的认识，从而增加其学习兴趣，启迪学习思维。

二、要求

在参观、阅读的过程中，要经常思考以下问题：

1. 地图的基本特性是什么？
2. 地图能传输哪些知识？
3. 地图的类型有哪些？
4. 地图常用的表示方法有哪些？

在参观、阅读的基础上，进行讨论或写出地图报告。

实习二　MapGIS K9 软件简介

随着计算机制图技术的不断深入与发展，同时也随着编制各种类型地图对计算机制图技术的要求不断深入与提高，国内外已经研制了多种制图软件，这些软件各有特点、长处与不足，在使用的功能上也各有差异，有的已经相当成熟，并成为各制图单位或制图人员十分熟悉的常用制图软件。

MapGIS K9 平台产品系列是中地数码集团开发研制的以数据中心、搭建平台为基础支持框架，以基础 GIS 平台、三维平台（TDE 平台）、遥感平台（RSP 平台）、互联网平台（IMS 平台）、嵌入式平台（EMS 平台）为应用支撑，基于新一代 GIS 架构技术及新一代开发模式，用柔性设计理念，提供能适应需求变化并迅速做出调整，集"基础"与"应用"为一体的综合开发与应用集成平台。适用于从嵌入式设备到个人电脑、从工作站到大型服务器、从单机环境到网络环境、从局域网到互联网等多种应用环境。

一、主要特点

1. 专题图及其模板管理

MapGIS K9 对数据集提供连续的彩色可视化以产生易于理解的地图，也可以存储常用的模板以便于将来的应用和修改。

2. 丰富的符号系统

MapGIS K9 可以从上百种颜色、符号和线型中进行选择，从而进一步区分数据。

3. 可视化的专题和制图元素

允许地理图层的样式信息可视化表示，提供增强的注释能力和更高质量的地图，揭示潜在的趋势及分布状况，让用户获得新的视野。

4. 丰富的空间图元编辑功能

200 多种编辑操作可对点、线、面、注记等图元的空间位置、属性及参数进行直观的、智能性的修改，并支持复杂、动态地表达地理数据。

5. 高低版本的完美结合

综合 MapGIS 67 和 MapGIS 70 的编辑分析功能，使二者完美结合，不仅可以满足大量老用户的访问需求，还可以给更多的新老用户带来更大的便捷。

6. 查询过程的批处理

提供 GSQL 描述语言，可以将查询过程表示成 GIS 的操作命令序列，自动批处理完成整个查询过程。

7. 可定制快捷键

快捷键设置允许自定义，以适应不同用户的需求，在 GIS 制图或分析过程中极大地帮助用户提高工作效率。

8. 强大的地图组合

提供强大的地图组合与页面布局，支持多种输出和打印方式。

二、基本概念

1. 地理数据库

MapGIS K9 推出地理数据库(GeoDatabase，简称 GDB)概念，它集成了地理数据库创建、管理、浏览等多种功能。按照“地理数据库—数据集—类”这几个层次组织数据(图 1)，以满足不同应用领域对不同专题数据的组织和管理需要。

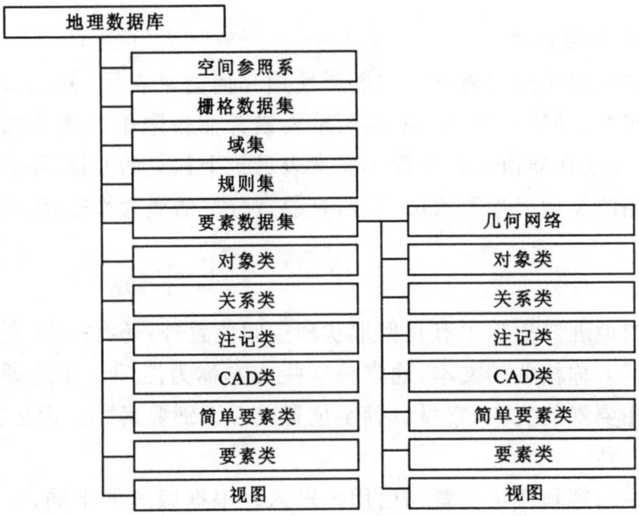

图 1　地理数据库组织结构

2. 要素数据集

要素数据集是地理数据库中具有相同空间参照系的要素类、对象类、关系类、注记类、修饰类、动态类、几何网络的集合。在一个要素数据集下存放不同的类，有利于以下情况的数据组织。

(1)专题归类。

当不同的要素类属于同一范畴时，可将其组织到一个要素数据集中。例如全国范围内某种比例尺的地质图数据。

(2)共享几何特征。

如用地、水系、行政区界等不同的要素类需要共享公共几何边界时，将其组织到一个要素数据集中，当移动其中的一个要素时，公共的部分也要求一起移动，并可保持这种公共边的关系不变。

(3)创建几何网络。

同一个几何网络中作为边要素和点要素的各种要素类，必须组织到一个要素数据集中，以便于管理和建立网络模型。例如，通讯网络中，各种交换机、交接箱、路由器、电缆、光缆等，分别对应点要素类和线要素类，在通讯网络建模时，将其全部考虑到通讯网络对应的几何网络模型中。

3. 栅格目录和栅格数据集

栅格目录用于管理有相同空间参照系的多幅栅格数据，各栅格数据在物理上独立存储，易于更新，常用于管理更新周期快、数据量较大的影像数据。同时，栅格目录也可实现栅格数据和栅格数据集的混合管理，其中目录项既可以是单幅栅格数据，也可以是地理数据库中已经存在的栅格数据集，具有数据组织灵活、层次清晰的特点。

栅格数据集用于管理具有相同空间参照系的一幅或多幅镶嵌而成的栅格影像数据，物理上真正实现数据的无缝存储，适合管理 Dem 等空间连续分布、频繁用于分析的栅格数据类型。由于物理上的无缝拼接，因此以栅格数据集为基础的各种栅格数据空间分析具有速度快、精度较高的特点。

4. 简单要素与简单要素类

简单要素具有空间和非空间属性。空间属性用几何值来表示，并且简单要素是以线性插值的二维几何为基础的。MapGIS K9 中的简单要素并非仅限于以线性插值的二维几何为基础，二维几何可以有非线性插值。一个简单要素表示一个独立的实体，不存储拓扑信息。

简单要素类是相同类型简单要素的集合，是要素分类的概念性表示，是一种描述地理要素的格式分类。

5. 注记

表现地理现象的地理要素除了有几何形状和空间位置外，还有一些描述文本，例如表示城市的要素类具有与其名称相关的文本，通常将这些文本称为注记。在地理数据库中注记是在制图显示时用来标注要素的文本，它可以确定位置或者识别要素。注记按类型分为文本注记、属性注记和维注记三种。

文本注记的文字内容和注记位置均由用户输入。根据版式的不同，文本态注记又分为静态文本注记和 HTML 版面注记。静态文本注记的文字内容只能是与 Windows 的记事本内容格式相同的文本。HTML 版面注记也是一种静态注记，它可以用来描述地图上某些现象的信息。HTML 所代表的意义是静态超文本标记语言，它是全球广域网上描述网页内容和外观的标准。标记描述了每个网页上的组件，例如文本段落、表格或图像。对于地图上需要用一段文字描述的信息，就可以用 HTML 版面注记来标注。用 HTML 方便地控制版面的格式。

属性注记是地理数据库中与要素属性字段相关联的注记。属性注记所在的注记类与同一个要素数据集下的一个(且只能是一个)要素类相关联，每一个属性注记和要素类中的一个要素相关联。属性注记的文本可以是要素属性表中的一个字段或者多个字段合成的文本信息。

三、基本操作

地图编辑主要涉及地理数据库建立、数据导入、图像配准、矢量化处理以及专题图制作等多个方面。后续将通过不同的实习，陆续向大家介绍，本节先介绍基本的地理数据库常识以及数据导入的方法，为后续进行相关操作奠定基础。

(一)建立地理数据库

使用“GDB 企业管理器”，创建或关联地理数据库。MapGIS K9 地理数据库包含空间参照系、空间数据、域集、规则集、模板库、安全管理、物理存储、数据库日志以及数据库维护等内容。空间参照系列举了当前常用的多种空间参照系，并支持用户自定义。空间数据则包含要素数据集、要素类、对象类、注记类、关系类、CAD类、栅格目录、栅格数据集、简单要素类、元数据库、地图集、三维要素数据集以及三维要素类。

创建本地数据库时，在“GDB企业管理器”目录树中的“MapGISLocal”节点上右键选择“创建数据库”，在“常规”选项中输入数据库名称，并在“数据文件”选项中选择本地数据库的存放位置，选择“开始”或“安装”或“完成”即可创建本地数据库(图2、图3)。

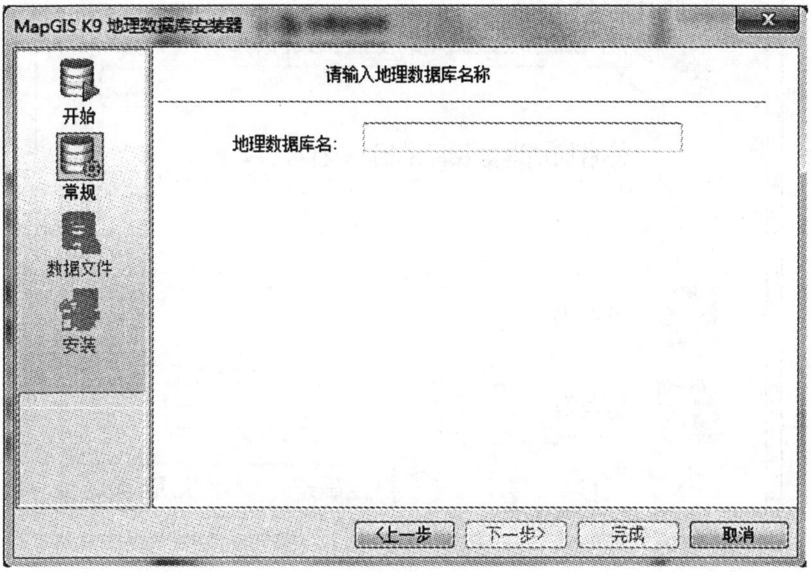

图2 地理数据库名称

图3 地理数据库文件路径

已有本地数据库时，在“GDB 企业管理器”目录树中的“MapGISLocal”节点上右键选择“附加数据库”，选择待附加地理数据库的主数据文件(*. HDF)格式，输入数据库的显示名称，选择“确定”即可(图 4)。

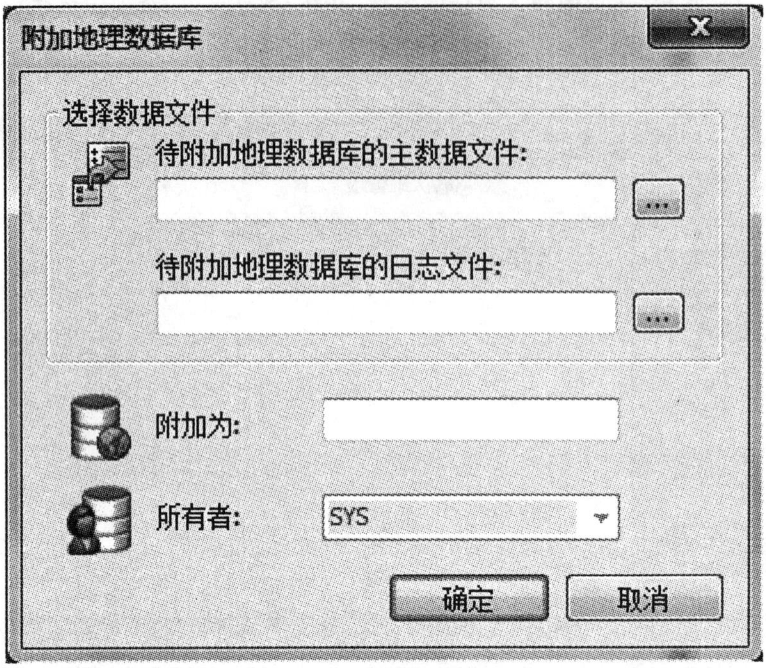

图 4　附加地理数据库

网络数据库需要首先配置 MapGIS 数据源，在“GDBConnection”节点上右键选择“配置 MapGIS 数据源”，在弹出对话框中选择“数据源”选项卡，点击“添加”按钮选择已有的网络数据源，测试通过后，即可将网络数据库添加到 MapGIS 企业管理器中(图 5)。

(二)导入地理数据

1. 栅格数据

在地图编辑中，栅格数据主要是作为底图的扫描地图文件或遥感影像数据，用于地图矢量化操作或制作专题地图。

MapGIS K9 支持直接打开不同类型的影像数据。启动“地图编辑器”，在左侧的文档管理视图上右键选择“添加图层”，系统弹出“选择文件或类”对话框。在文件类型下拉列表中选择“影像文件”，即可添加后缀为 msi，img，tif，pix，jpg 以及 bmp 等通用格式的影像数据(图 6)。

MapGIS K9 提供栅格数据集作为栅格数据的空间数据模型，系统支持将不同类型的栅格数据转换为栅格数据集。

启动“GDB 企业管理器”，选择数据库，在栅格数据集节点上点击鼠标右键，选择“导入”菜单下的“导入影像”菜单，系统弹出“数据上传”对话框，支持将 msi 等后缀格式的影像文件上传为指定数据库的栅格数据集。

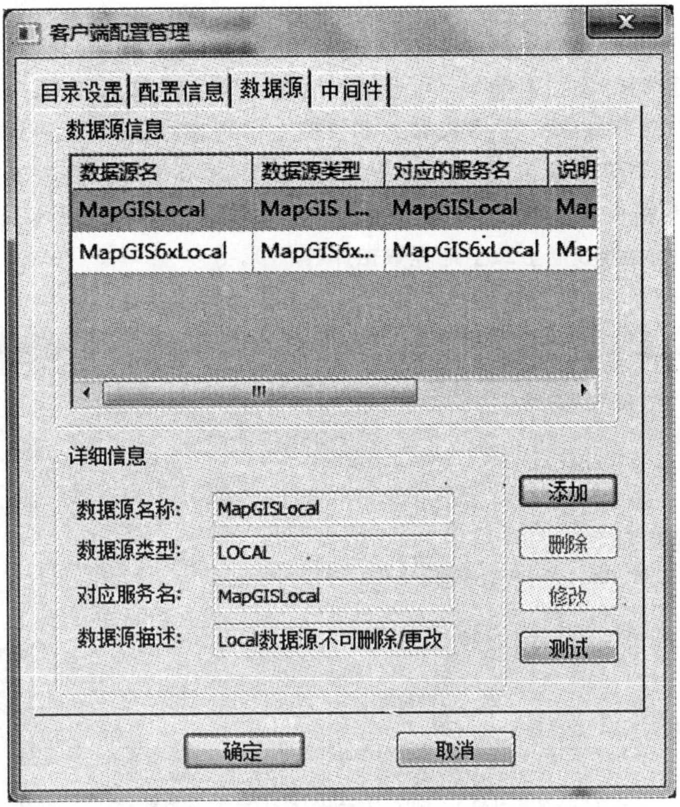

图 5　地理数据库客户端配置

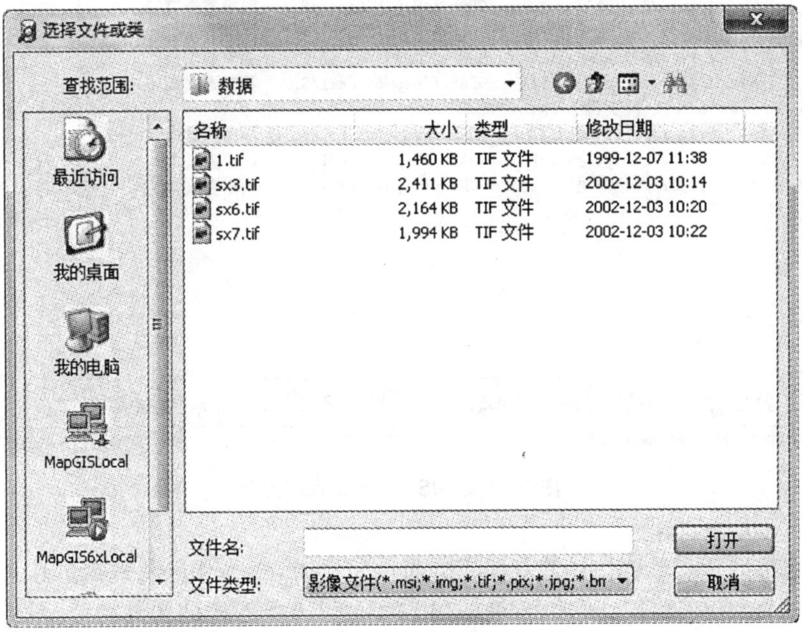

图 6　打开影像文件

2. 矢量数据

MapGIS K9 支持直接打开 MapGIS 67 版本的矢量数据，启动“地图编辑器”，在左侧的文档管理视图上右键选择“添加图层”，即可选择本地 MapGIS 67 格式文件。

系统支持用户将 MapGIS 67 格式的矢量数据上传到地理数据库。启动“GDB 企业管理器”，选择数据库，在简单要素类或注记类节点上点击鼠标右键，选择“导入”菜单下的“MapGIS 6X 数据”菜单，系统弹出“数据上载”对话框，选择需要上载的 MapGIS 6X 格式数据，设置名称等相应参数，即可将数据上载至地理数据库(图 7)。

图 7　MapGIS 6X 格式数据上载

用户也可以在地理数据库中建立相应的简单要素类，来描述矢量数据信息。在文档管理视图上右键选择“新建图层”，弹出“新建图层”对话框，选择需要的图层类型、图层名和所在的数据库信息，即可在相应数据库中生成矢量文件(图 8)。

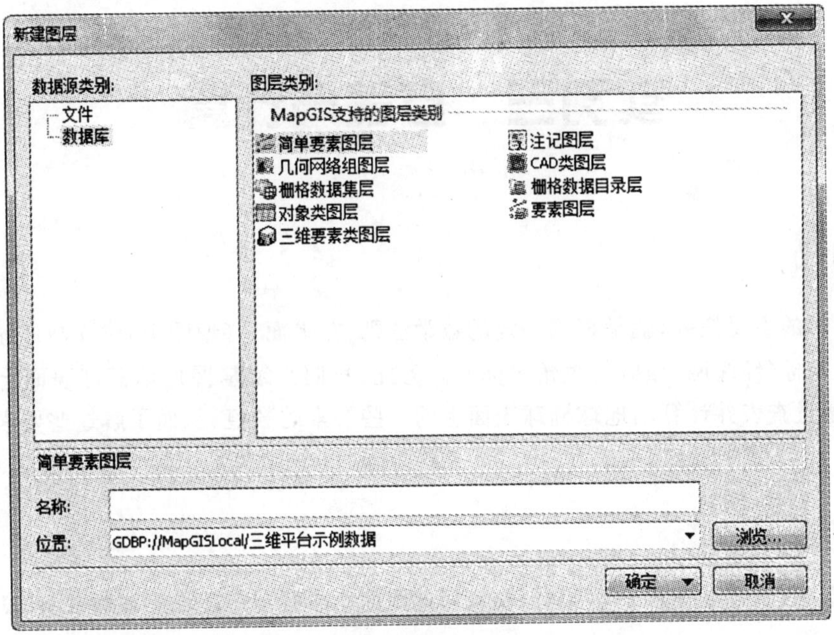
新建图层
数据源类别:
文件
数据库
图层类别:
MapGIS支持的图层类别
简单要素图层
几何网络组图层
栅格数据集层
对象类图层
三维要素类图层
注记图层
CAD类图层
栅格数据目录层
要素图层
简单要素图层
名称:
位置:
GDBP://MapGISLocal/三维平台示例数据
浏览...
确定
取消

图 8　新建图层

实习三　查表与计算

一、目的

地图投影的主要任务，就是根据一定的数学法则，在平面上（地图上）建立与地球（椭球）表面上的地理坐标（经纬网）相应的直角坐标系。为此，我们必须掌握地球椭球表面上的一些要素，本实习通过查表并计算出地球椭球表面上的一些要素的数值，从而了解这些要素随纬度变化的规律。

二、内容

1. 根据纬度查出子午圈曲率半径(M)、卯酉圈曲率半径(N)及子午线弧长 S(表 1)

表 1　根据纬度求曲率半径及弧长

纬度 Φ	子午圈曲率半径 M(m)	卯酉圈曲率半径 N(m)	由赤道至纬度 Φ 的子午线弧长 S(m)
0°			
20°			
40°			
45°			
60°			
25°40′			

2. 查表并计算经线弧长(表 2)

表 2　计算经线弧长

纬度 $\Delta\Phi=\Phi_2-\Phi_1$	由赤道到纬度 Φ_2 的子午线弧长(m)	由赤道到纬度 Φ_1 的子午线弧长(m)	纬线间($\Phi_2-\Phi_1$)的经线弧长 S_M(m)
25°40′～20°00′			
60°00′～40°00′			

3. 查表并计算纬线弧长(表 3)

表 3 计算纬线弧长

纬度 Φ	经差间隔 ($\Delta\lambda=\lambda_2-\lambda_1$)	经差 30′的纬线弧长 S_P(m)	所求纬线弧长 S_P(m)
0°	1°		
30°	2°		
60°	3°		
45°	4°30′		

4. 查表并计算球面梯形的面积

(1)纬度 4°和经度 6°的球面梯形面积(表 4)。

表 4 计算梯形面积(一)

纬差 $\Delta\Phi=\Phi_2-\Phi_1$	经差 $\Delta\lambda=\lambda_2-\lambda_1$	经纬差范围 $\Delta\Phi\times\Delta\lambda$	梯形面积(km^2)
0°～4°	6°=116°－110°	4°×6°	
40°～44°	6°=116°－110°	4°×6°	
56°～60°	6°=116°－110°	4°×6°	

(2)纬度 20′和经差 30′的球面梯形面积(表 5)。

表 5 计算梯形面积(二)

纬度(Φ)	梯形面积(km^2)
36°00′～36°20′	
44°40′～45°00′	
77°00′～77°20′	

实习四　在地图上量算长度比和面积比

一、目的

了解投影后各种变形的大小分布。

二、方法

在地图上直接量算的长度比是沿经、纬的长度比 m 和 n；理论上是微分弧长的投影长度 ds' 和实长 ds 之比；实际上可量取图廓四角点沿经、纬线上的长度和该线段的实地长度（查表可得）之比求得。在地图上量算面积比是用量测工具量取在地图上选定的几块经纬网的面积与实地面积（查表可得）之比。

三、计算数据

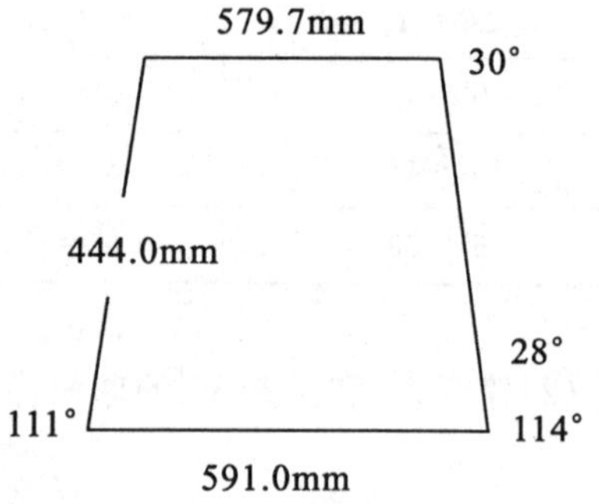

图幅名：长沙市

比例尺：1∶50 万

经纬度间隔：

$\Delta\Phi=2°$　　$\Delta\lambda=3°$

计算表格见表 6：

表 6　计算弧长及图幅范围

	子午线弧长（km）	纬线弧长（km）		图幅范围	Φ:28°～30° $\Delta\lambda=3°$
	Φ:28°～30°	$\Phi=28°$ $\Delta\lambda=3°$	$\Phi=30°$ $\Delta\lambda=3°$		
ds'					
ds					
$u=ds'/ds$					
$v_u=u-1$					

变形分析：判断此图属于何种性质的投影，并说明理由。

实习五　墨卡托投影图上等角航线绘制

一、目的

(1)掌握正轴圆柱投影经纬网建立的方法,并通过在该投影图上绘制等角航线,加深对墨卡托性质的理解。

(2)初步掌握运用计算机进行地图投影转换的方法及过程。

二、实习步骤

(一)数字地理底图处理

准备一个包括所需区域的矢量数字地理底图文件,如中国基本要素底图工程文件。对底图作必要的整理,如删除不需要的图层、新建所需图层等。

MapGIS K9 可直接打开 MapGIS 6X 格式工程文件。启动"地图编辑器",选择"文件"菜单下的"打开"菜单,在弹出的"打开"对话框中(图 9)选择 MapGIS 6X 格式工程文件或 MapGIS K9 地图文档文件,即可显示相应的图层信息。

图 9　加载工程文件

(二)投影转换

地图投影的种类多，不同的投影方式之间可以通过投影转换模块进行相互转换。可将处理过的地理底图通过投影转换，转换为墨卡托投影，为绘制等角航线作准备。

基于 MapGIS K9 的地图投影操作可参考实习八。

(三)绘制等角航线

建立“等角航线”图层，在两地之间运用划线工具连直线，即为等角航线。

启动“地图编辑器”，在地图文档上右键选择添加名为“等角航线”的线简单要素类图层，在树节点上双击激活添加的“等角航线”图层，选择“线编辑”菜单下的“输入线”中的“造折线”菜单，在两地间输入等角航线。

三、实例

绘制从海口到台北的等角航线。

(1)打开一幅包括海口、台北位置的底图，如中华人民共和国行政区划图。

(2)建立“等角航线”线类图层。

(3)利用投影转换，使底图的投影转为墨卡托投影。

(4)在海口与台北之间连直线，即为等角航线。

实习六　正轴等角割圆锥投影源程序的设计

圆锥投影，特别是正轴等角割圆锥投影，在我国以及一些中等纬度的国家应用得非常广泛。例如，编制中华人民共和国地图（南海诸岛作插图）以及各省（区）地图都是采用这种投影。新中国成立之前，我国地形图也是采用该投影作为数学基础的。可见，等角割圆锥投影可适用编制我国不同比例尺、不同类型的地图。

一、投影公式

$$\alpha=\frac{\lg r_1-\lg r_2}{\lg U_2-\lg U_1}=\frac{A}{B}\left(U=\frac{\mathrm{tg}(45°+\Phi/2)}{\mathrm{tg}^e(45°+\Psi/2)},\sin\Psi=e\sin\Phi,e=\sqrt{\frac{a^2-b^2}{a^2}}\right)$$

$$\sin\Phi_0=\alpha$$

$$K_{cm}=\frac{100}{M_0}\cdot\frac{r_1U_1^\alpha}{\alpha}=\frac{100}{M_0}\cdot\frac{r_2U_2^\alpha}{\alpha}$$

$$\delta=\alpha\cdot\lambda$$

$$\rho=\frac{K}{U^\alpha}$$

$$x=\rho_s-\rho\cos\delta$$

$$y=\rho\sin\delta$$

$$m=n=\frac{\alpha K}{rU^\alpha}$$

$$p=m\cdot n$$

$$\omega=0$$

Φ_0：长度比最小的纬度；M_0：比例尺分母。

二、制图区域

河北省

$\Phi_N=43°00'$，$\Phi_S=36°00'$

$\lambda_E=120°00'$，$\lambda_w=112°00'$

制图区域中央经线：$\lambda_0=116°00'$

标准纬线：$\Phi_1=37°30'$，$\Phi_2=41°00'$

主比例尺：1∶500 万

经纬网密度：$\Delta\Phi=\Delta\lambda=1°$

三、要求

1. 编写正轴等角圆锥投影的源程序

在编制源程序时，采用通用程序为好，因此，$M=\frac{a(1-e^2)}{(1-e^2\sin^2\Phi)^{3/2}}$，$N=\frac{a}{(1-e^2\sin^2\Phi)^{1/2}}$，$e^2=\frac{a^2-b^2}{a^2}$

地球椭球的数据可采用 IAG－1975 椭球：$a=6\ 378\ 140\text{m}$，$b=6\ 356\ 755\text{m}$。

2. 输出成果要求

输出成果要求完整、整齐，有条件时可采用汉字化、表格化。输出成果包括：

U_1，U_2；投影常数 α；积分常数 K；长度比为最小的纬线纬度 Φ_0；经纬网交点的直角坐标 X、Y。

3. 绘制该地图的经纬网格

实习七　计算与判别

一、目的

各种比例尺的地形图是按适当面积测制的，所以一个面积辽阔地区，包含大量的图幅。为了便于组织地图生产管理和检索使用，将地形图按比例尺大小所包括的图幅范围，划分成许多图幅编号，这种方法称为地形图的分幅编号。目前我国常用的地形图分幅编号方法有两种：一种是以国际 1∶100 万地形图为基础的分幅编号；另一种是在国际 1∶100 万基础上改进，便于计算机管理和检索的新《国家基本比例尺地形图分幅和编号》。通过实习，使同学们掌握地形图的分幅与编号的方法。

二、内容

1. 已知某地形图的图廓范围为：Eλ129°～129°30′，NΦ29°0′～29°40′，求其图号。

2. 已知某图的编号为 J50G093004，求该图的经纬度范围。

3. 在地图上或网络地图(Google Earth)查找到自己家乡附近的经纬度坐标，求：

(1)自己家乡 1∶10 万地形图的图号。

(2)1∶10 万地形图的四邻图号。

4. 1∶10 万地形图中行、列代码为 006001，求所包含的 1∶5 万地形图的行列代码。

5. 已知图号 H49E009013，求包含该图的 1∶10 万地形图的图号。

6. 判断下列图上哪些需要加绘邻带网，加绘者请打√。

I48D012001	H48D001012
H48E001024	J50F001048
I48G095096	J50F002003
I50F011002	G49G001096

实习八　地图投影的变换

一、目的

使用 MapGIS K9 实现不同地图投影间的变换。

二、内容

自选几种不同的投影进行投影变换。

三、步骤

1. 启动

启动“地图编辑器”，在“工具”菜单下的“投影变换”功能中，包含了“单点投影”、“成批投影”和“类投影”三种投影变换方式，点击相应菜单即可进行投影变换操作。

2. 单点投影

(1)选择“工具”菜单下的“投影变换”下的“单点投影”项，弹出“输入单点投影转换”对话框(图 10)。

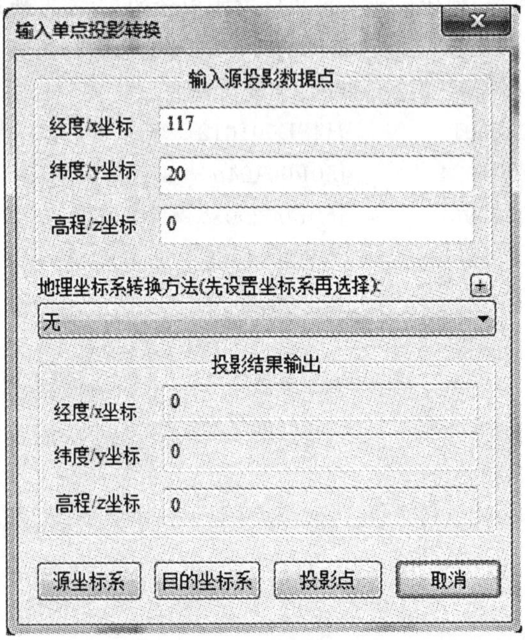

图 10　单点投影变换

(2)在“单点投影转换”对话框上部的“输入源数据投影点”中输入数据，如经纬度或者 XY 坐标。

(3)点击“源坐标系”，弹出“空间属性”对话框，设置输入数据的空间参照系(图 11)。

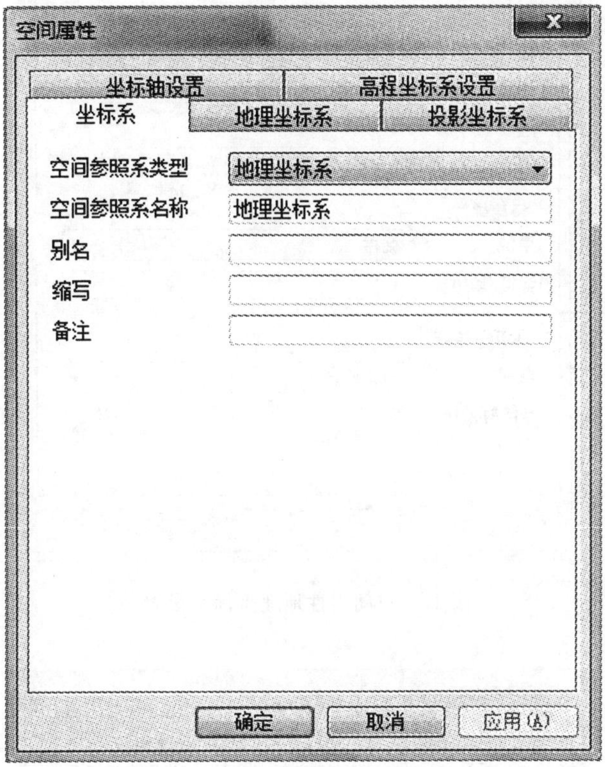

图 11　空间属性地理坐标系设置 1

在“坐标系”选项卡中选择“空间参照系类型”为“地理坐标系”，在“地理坐标系”选项卡中设置坐标系的椭球参数、角度单位及本初子午线信息(图 12)。单击“确定”按钮完成设置。

(4)点击“目的坐标系”，弹出“空间属性”对话框，设置输出数据的空间参照系(图 13)。

在“坐标系”选项卡中选择“空间参照系类型”为“投影平面直角坐标系”，在“投影坐标系”选项卡中设置坐标系的名称、类型、投影带和比例尺信息(图 14)。单击“确定”按钮完成设置。

(5)点击“投影点”，在“投影结果输出”中计算出输入数据的对应的高斯坐标。

3. 生成需要转换的图幅的标准框(以 1∶5 万为例)

(1)选择“工具”菜单下的“生成梯形图框”下的“生成 1∶5 万图框”项，弹出“1∶5 万图框”对话框(图 15)。

(2)选择图框模式，输入图框起点经纬度和生成图框的简单要素类名称，点击“下一步”，进入“图框参数输入”对话框(图 16)。

(3)输入图框辅助选项及内容，包括图幅名称、高度表、深度表以及资料来源说明等，并可设置是否将图框左下角平移为原点或旋转图框底边水平。

(4)绘制图框。各项参数准备完毕，按“确定”按钮即可自动绘制出所要求的标准图框，生

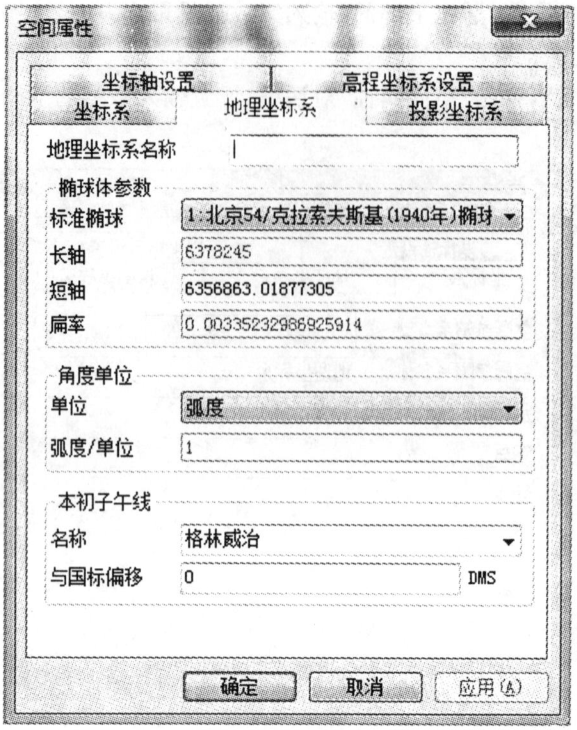

图 12　空间属性地理坐标系设置 2

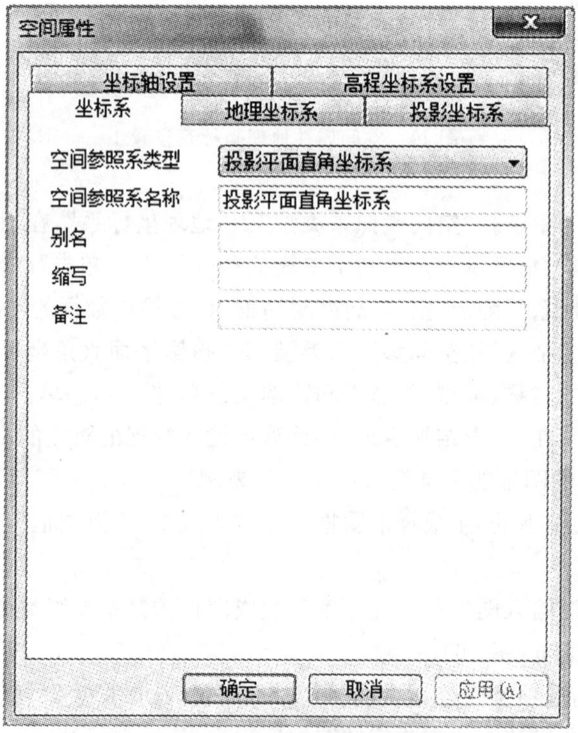

图 13　空间属性投影坐标系设置 1

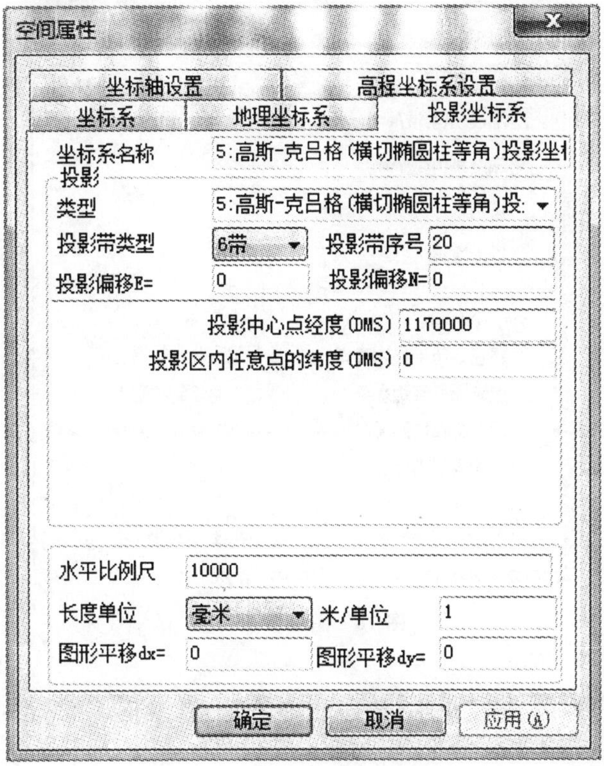

图 14　空间属性投影坐标系设置 2

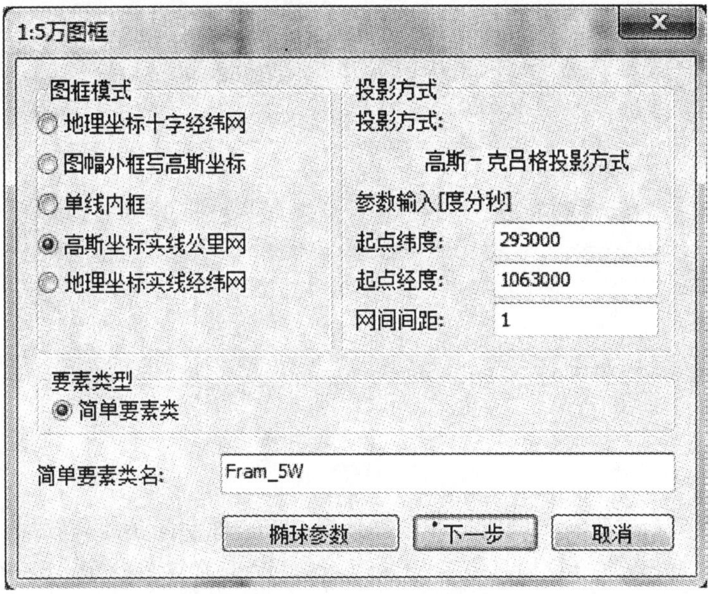

图 15　1∶5 万图框设置

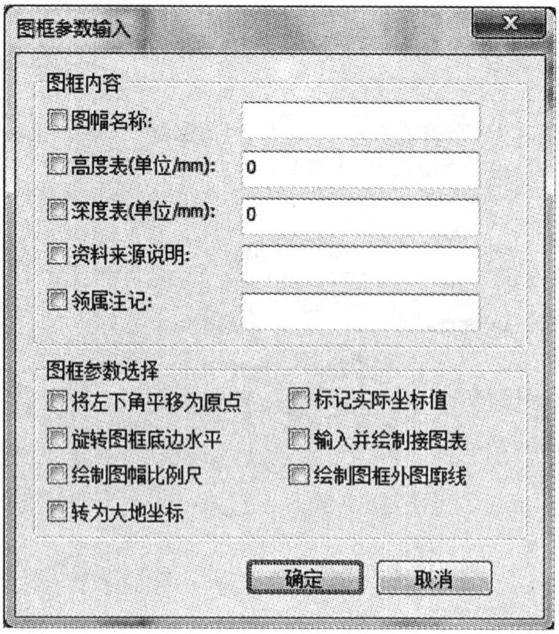

图 16　图框参数设置

成的图框文件被自动保存为用户指定的简单要素类。

4. 单个简单要素类的投影变换

(1)点击“工具”菜单下的“投影变换”中的“类投影”项,弹出“类投影转换”对话框(图 17)。

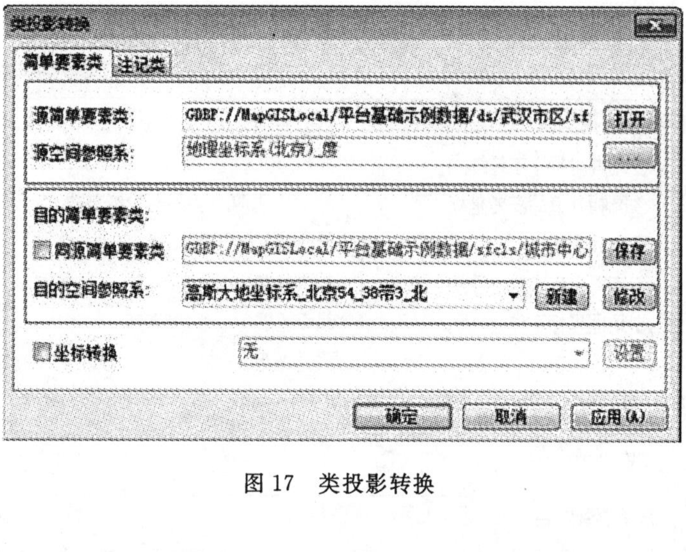

图 17　类投影转换

(2)选择需要转换的简单要素类或注记类数据,点击“源空间参照系”后的按钮,弹出“设置空间参照系”对话框,若原始数据具有空间参照,则显示当前空间参照,用户可点击“修改”按钮,对现有空间参照进行修改。若原始数据没有空间参照,则显示“DEFAULLT Sref”字样(图 18),用户可通过空间参照系下拉列表,选择合适的空间参照系,也可通过点击“新建”按钮,为源简单要素类或注记类信息创建新的空间参照。

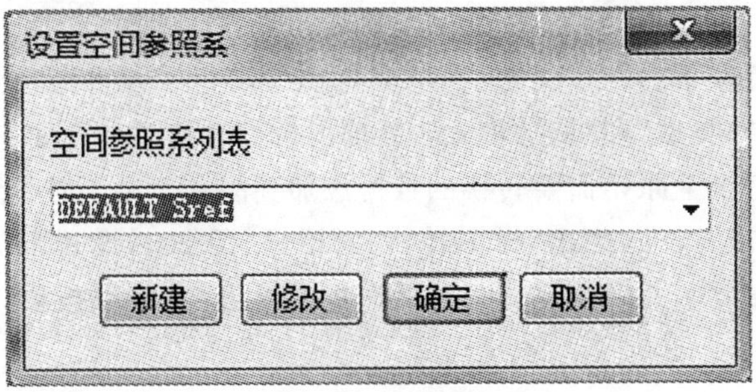

图 18　空间参照系选择

(3)选择目的简单要素类或注记数据,并设置目的投影信息,方法同上。

(4)点击"转换"按钮,就将要素类按照设置投影生成新的要素类。转换完成后弹出"转换完毕"提示框。

(5)点击"确定"或"取消"按钮,将关闭投影相应类的对话框。

5. 成批文件的投影变换

(1)点击"工具"菜单下的"投影变换"中的"成批投影或转换"项,弹出"投影/转换地理数据库"对话框。

(2)点击"地理数据库(源)"右边的按钮打开地理数据库连接,选择要成批投影/转换的简单要素类或注记类数据(图 19)。

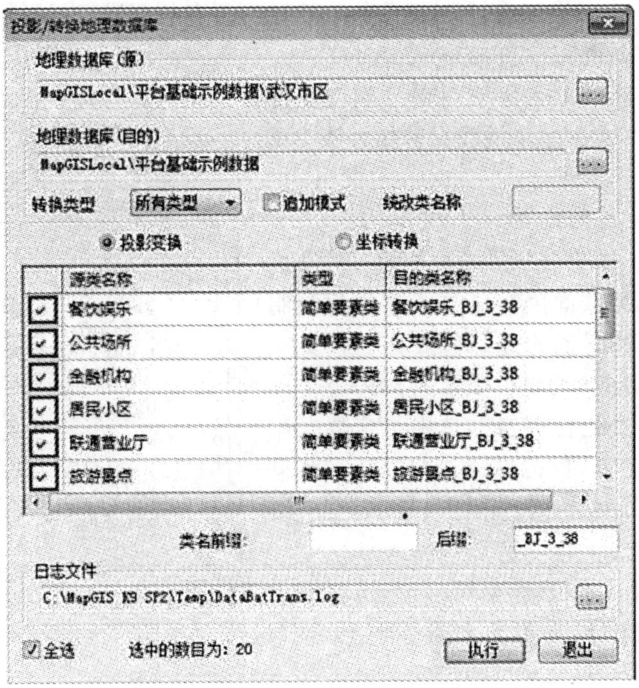

图 19　成批投影转换设置

(3)点击“地理数据库(目的)”右边的按钮打开地理数据库连接,保存结果的地理数据库,可以和源地理数据库相同,也可以不同。如果选择相同,就在结果数据前或后添加前缀或后缀来区别,防止数据被覆盖了。

(4)设置“数据转换类型”和“追加模式”,目前的数据转换类型主要有简单要素类和注记类两种,追加模式则可将多个原始需要转换的数据添加到同一个结果数据中。

(5)选择“投影转换”选项,弹出“投影转换”对话框(图 20),设置目的空间参照系,如果有坐标系转换,还可以在此一并设置。这个对话框里的设置与“单点投影”或“投影要素类”功能操作类似。

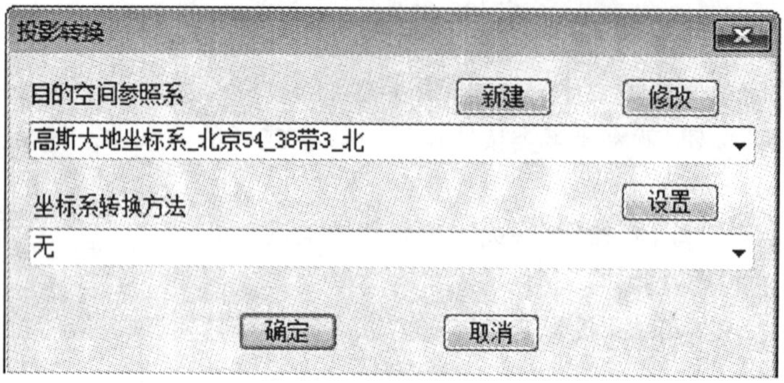

图 20　投影转换参数设置

(6)点击“执行”按钮,就将所选的要素类成批投影或者成批转换。用户可通过勾选对原始数据进行逐一投影,也可通过选择“全选”项,一次性对所有数据进行投影。

5. 用户文件投影转换

用户文件主要是以文本形式存储的实测坐标点数据,MapGIS K9 支持将该类数据转换为简单要素类。

以下面的文本点数据为例。以起点经度为 98°,起点纬度为 28°,结束经度为 101°,结束纬度为 32°;经线间隔为 1°,纬线间隔为 2°的文本数据绘制一个 1∶50 万非标准图框的经纬线交点。其文本数据(用 DDDMMSS.SS 的单位表示)见图 21。

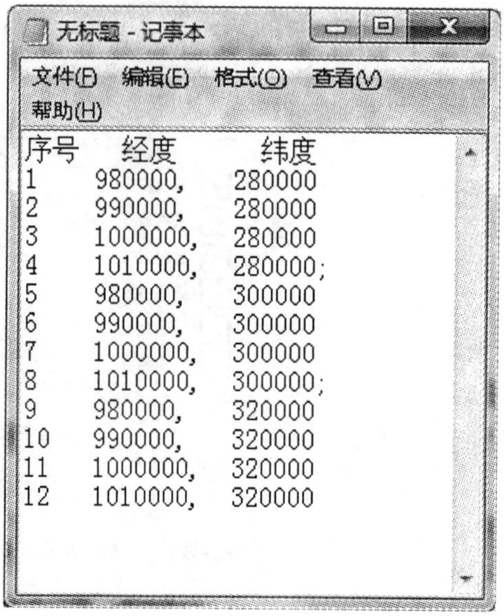

图 21　文本数据

(1)启动“GDB 企业管理器”,选中指定数据库中的“简单要素类”节点,鼠标右键选择“导入”菜单项下的“其他数据”,弹出“数据导入”对话框(图 22)。

(2)选择需要导入的文本文件,点击列表框中文件右方按钮,弹出“高级参数设置”对话框(图 23)。

(3)选择“按指定分隔符”选项,点击“设置分隔符”按钮,弹出“设置分隔符”对话框(图 24)。

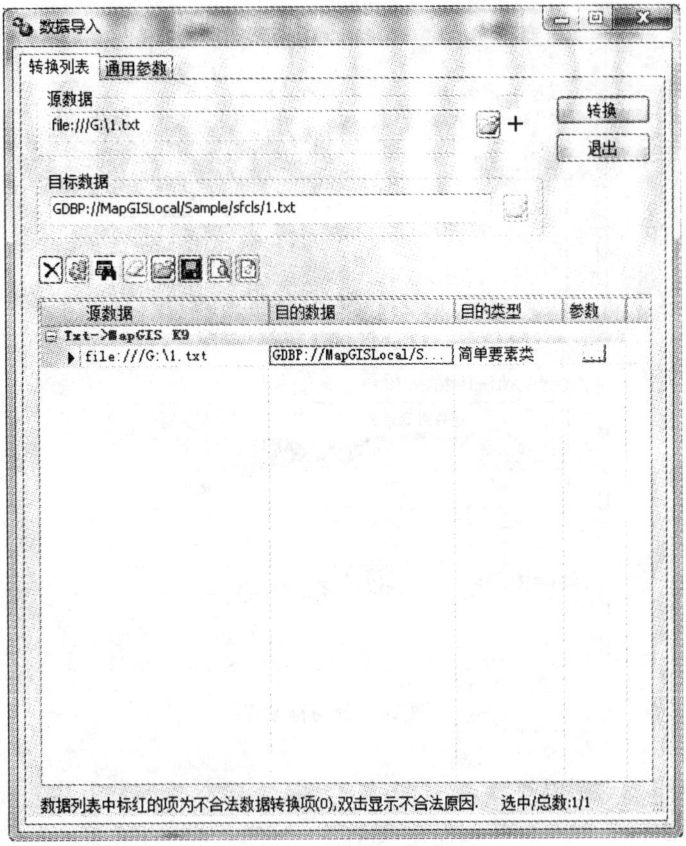

图 22　文本数据导入

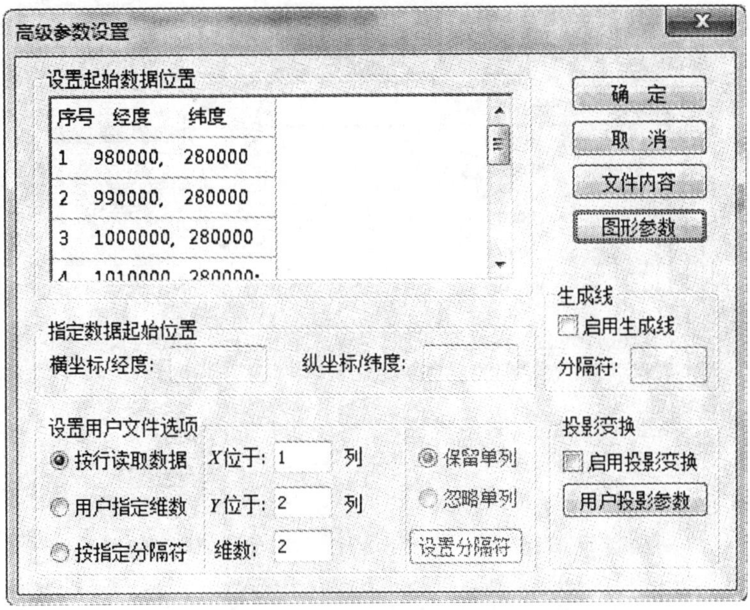

图 23　导入高级参数设置

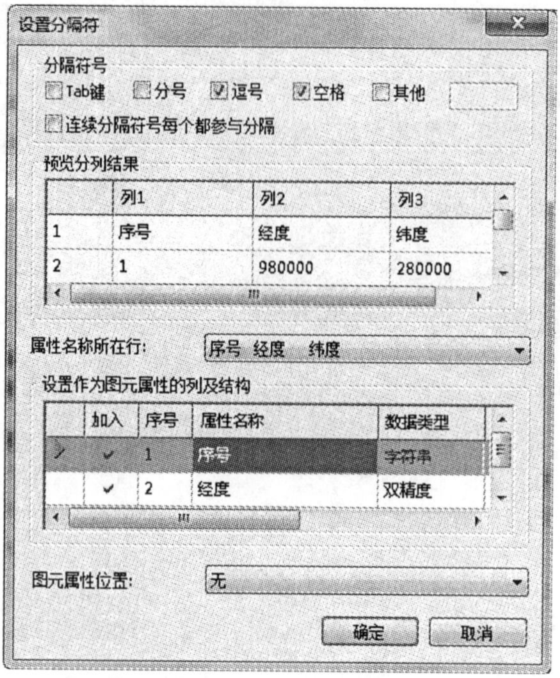

图 24　分隔符设置

(4)根据文本中数据间隔符号,选择合适的分隔符,并设置属性名称所在的行,设定不同属性字段的数据类型,点击“确定”按钮保存设置。

(5)设置 X 和 Y 坐标在文本中的位置,鼠标单击第一行数据,指定数据的第一行信息,勾选“启动投影变换”选项,设置用户投影和目的投影参数,点击“确定”完成转换(图 25)。

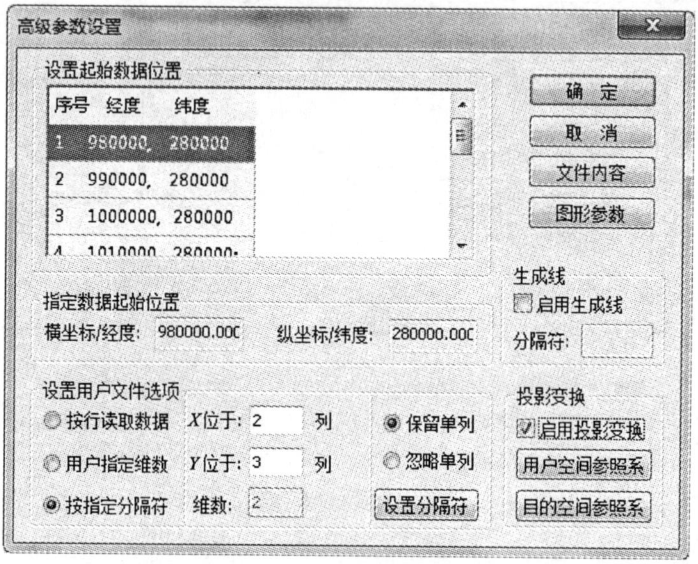

图 25　启动投影变换

实习九　色环练习(颜料三原色的混合练习)

色彩能提高地图传递空间信息的容量，增进地图的美感和艺术造型，是地图设计的重要方面。了解色彩的基本特性，掌握颜色调配的基本方法，是地图工作者必须具备的专业素质。

一、目的

(1)认识颜色。

(2)练习用计算机配色。

二、用色

用 CMYK 模式中的青、品红、黄进行调配。

三、步骤

1. 装入色环的点、线、面文件(ll. wt、ll. wl、ll. wp)

启动“地图编辑器”，打开点线面文件(ll. wt、ll. wl、ll. wp)，在树节点上鼠标双击“ll. wp”，激活区数据。

2. 在色环的相应位置填入三原色青、品红、黄色

在“区编辑”菜单中“修改区参数”，在地图视图中点击不同的区，在弹出的区参数设置对话框中选择合适的颜色，点击“确定”按钮，完成颜色修改。

3. 调配间色

在“系统库管理”子菜单中选择“编辑颜色库”菜单，弹出“编辑色标”对话框(图 26)，根据以下比例调配出各间色：

橙＝黄＋品红

绿＝黄＋青

紫＝品红＋青

黄橙＝黄$_2$＋品红$_1$

红橙＝品红$_2$＋黄$_1$

紫红＝青$_1$＋品红$_2$

黄绿＝黄$_2$＋青$_1$

青紫＝品红$_1$＋青$_2$

4. 在色环的相应位置填入 3 个标准间色橙、绿、紫

5. 最后调配其他间色

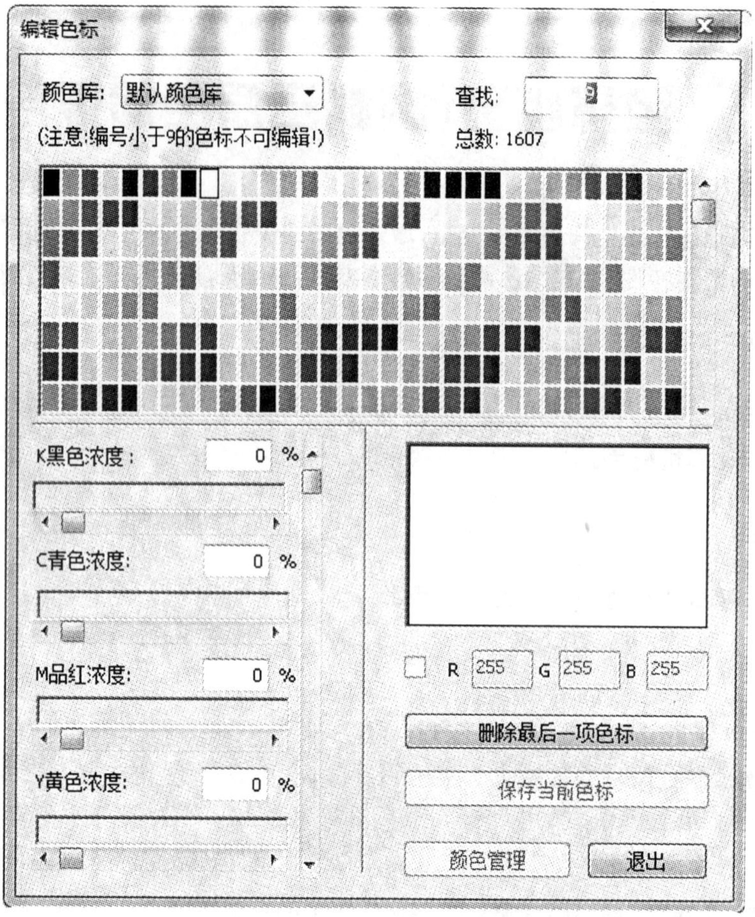

图 26 色标编辑

四、要求

(1)色环一定要过渡自然。

(2)要进行图面整饰,如写上图名、班级、姓名,画上图廓线等。

实习十 矢量化地图

一、目的

通过实习使学生掌握用 MapGIS 矢量化地图的方法。

二、内容

矢量化以栅格存储于 1. tif 文件中的图。其目的是把读入的栅格数据通过矢量跟踪，转换成矢量数据。

三、步骤

1. 装入栅格文件(1. tif)

启动“地图编辑器”，根据实习二中介绍的栅格数据打开方式，打开 tif 文件。

2. 光栅求反

激活导入的影像数据，选择“矢量化”菜单下的“光栅文件求反”项，将工作区中的二值或灰度图像进行反转(Inert)，如使二值图像的白色变为黑色，黑色变为白色。

3. 新建线简单要素图层

根据实习二中的矢量图层建立方法，建立相应的线简单要素类图层，加载至当前地图文档并激活。

4. 选择矢量化方式

矢量化一般有 4 种方式：全自动矢量化、交互式矢量化、封闭式单元矢量化和高程自动赋值，通常采用交互式矢量化。

5. 开始矢量化

移动光标，选择需要追踪的矢量化的线，沿着栅格数据线的中央跟踪。系统在跟踪一段遇到交叉的地方就会停下来，让用户选择下一步的跟踪方向和路径。当一条线跟踪完毕后，按鼠标右键，即可终止一条线。如果此时按住 CTRL 键，同时按右键，此线终止并封闭一条线。于是可以开始下一条线跟踪。注意，选定一条线尽可能地跟踪到底，防止矢量化后断线太多，给以后的工作带来许多不便。

在弯曲度较大的地方采用 F_8 键给线上加点，可更准确地进行矢量化。为了能熟练地进行矢量化，可用下列功能键：F_5：放大； F_6：移动；F_7：缩小；F_8：手工加点；F_9：退点；F_{11}：改变跟踪方向；F_{12}：捕捉线头。

6. 拓扑造区

MapGIS K9 提供两种造区方式，一种是经“拓扑处理”自动生成区域称为自动化方式；另一种是用光标顺序跟踪这些轮廓线生成区域称为手工方式。

(1)自动化方式造区。选择“线编辑”菜单下的“相交剪断”下的“全图自动剪断”菜单，系统弹出提示对话框，提示用户全图自动剪断操作为不可逆过程，选择“是”按钮继续剪断操作(图27)。

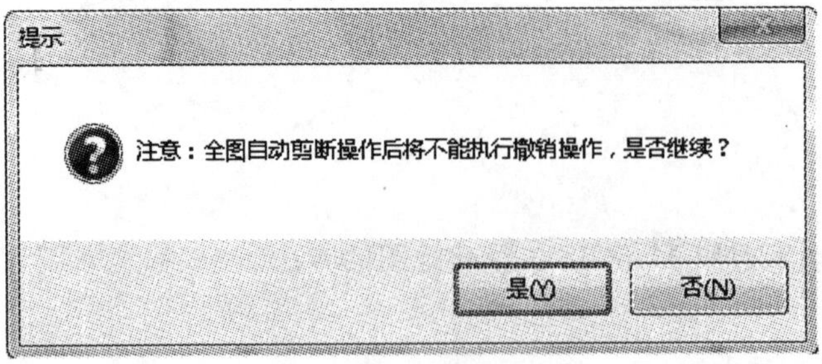

图 27　不可逆提示信息

选择“线编辑”菜单下的“线拓扑处理”下的“清除微短线”菜单，系统弹出“默认线长”对话框(图 28)，根据当前线段信息，调整相应的线长参数。

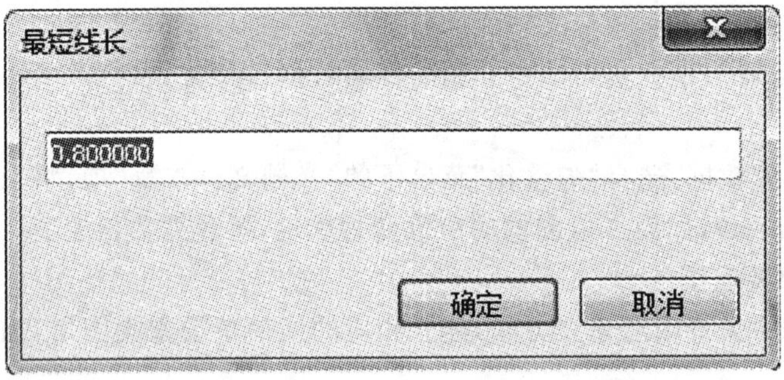

图 28　最短线长设置

选择“线编辑”菜单下的“线拓扑处理”下的“清除重叠线”菜单，系统默认清除空间位置重叠的线段。

选择“线编辑”菜单下的“线拓扑处理”下的“线拓扑查错”菜单，系统默认检查所有线段拓扑错误。在实际工作中，也可不经过上述“自动剪断”、“清除微短线”以及“清除重叠线”等操作，直接使用“线拓扑查错”，根据查错后的结果来逐一修改。

选择“线编辑”菜单下的“线转弧造区”菜单，系统弹出拓扑查错要求提示对话框。选择“是”按钮，系统弹出数据保存对话框，可将生成的区数据保存成本地的 MapGIS 6X 格式数据或区简单要素类。

(2)手工方式造区。对于图上填色区域不多的地图，可采用手工造区的方式。

根据实习二中的矢量图层建立方法，建立区简单要素类图层，加载至当前地图文档并激活。

选择“区编辑”菜单下的“输入区”下的“手动拓扑造区”菜单，鼠标单击地图视图中的封闭区域，系统弹出“区参数设置”对话框(图 29)，选择区域参数后，即完成一个简单区的输入。

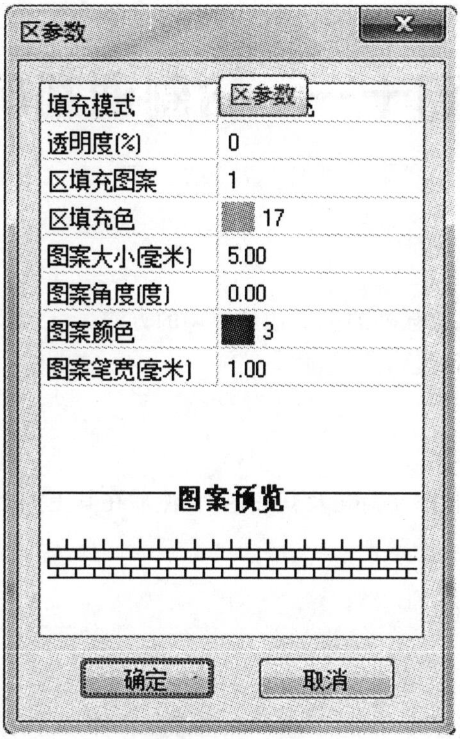

图 29　区参数设置

7. 保存地图文档

在“未命名文档”上右键单击，选择“保存”菜单，即可保存当前地图文档。

四、注意事项

矢量化过程中，一定要认真，在弯曲处，尽量多录入一些点。

实习十一　分割调和构成

一、目的

(1)掌握用分割法使对比强烈的色彩达到协调的方法。

(2)练习用计算机如何配色。

二、内容

用对比强烈的几种色彩添在荷花及其底色上，然后在其上加上白点或黑点，使原对比强烈的色彩达到和谐。

三、步骤

1. 装入工程文件(如 9. mpj)

MapGIS K9 可以直接打开 MapGIS 6X 版本工程文件，具体操作步骤见实习五。

2. 编辑区颜色

在地图文档上激活需要赋色的区简单要素类，点击“区编辑”菜单下“编辑区参数”菜单，鼠标单击选择某个区，系统弹出“区参数设置”对话框(图 30)。点击“区填充色”后的按钮，系统弹出“选择颜色”对话框，填入对比强烈的色彩在各区域中，点击“确定”关闭对话框即可。

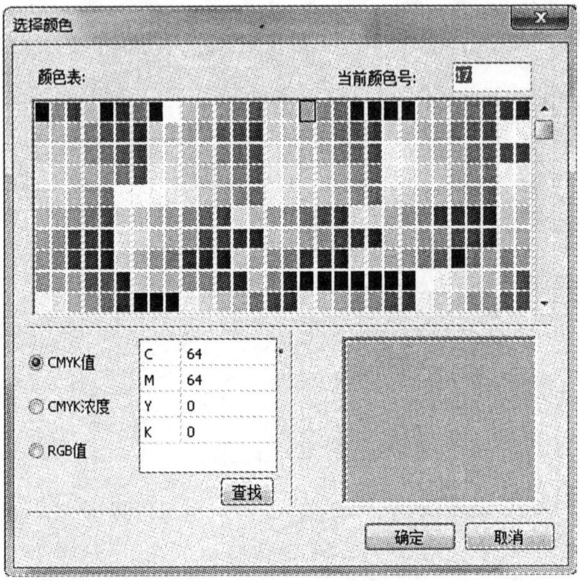

图 30　区参数设置对话框

3. 在图上加上白点或黑点

根据实习二中的矢量图层建立方法，建立点简单要素类图层，加载至当前地图文档并激活。在“点编辑”菜单中选择“输入子图”下的“造子图(参数输入)”，鼠标在地图视图上单击，弹出“点参数”对话框(图 31)，选择输入的类型、点图元的大小及颜色，点击“确定”关闭对话框即可。

图 31 点参数设置

4. 图外整饰

加上图名、图框、班级、姓名等。

实习十二　色级底色练习

一、目的

通过实习，掌握色级底色设计的原则及用计算机配制色级底色的方法。

二、内容

湖北省卫生事业图——该图以县来划分，按县、市 1 000 人中所拥有的病床数将全区共分 6 级，表示数量关系。

三、统计资料

单位：张/1 000 人

表 7　分级统计资料

等级	名称
≥6	襄阳市，宜昌市，荆州市
3～6	十堰市，武汉市，赤壁市，崇阳县，黄石市
2.5～3	神农架林区，宜城市，安陆市，应城市，蕲春县，通山县
2.0～2.5	谷城县，老河口市，兴山县，来凤县，五峰县，宜都市，荆门市，沙洋县，江陵县，潜江市，京山县，云梦县，嘉鱼县，咸宁市，阳新县，武穴市，黄冈市，罗田县
1.5～2.0	郧县，丹江口市，竹溪县，巴东县，建始县，恩施市，利川市，咸丰县，宣恩县，鹤峰县，保康县，南漳县，远安县，当阳市，枝江市，松滋市，公安县，石首市，钟祥市，天门市，洪湖市，大冶市，鄂州市，浠水县，英山县，黄梅县，红安县，随州市，随县
≤1.5	郧西县，竹山县，房县，秭归县，长阳县，枣阳市，广水市，大悟县，孝感市，汉川市，仙桃市，监利县，通城县，麻城市，孝昌县

四、设色要求

(1)因每一个色层表示一个数值，所以色层相互间应有明显区别。

(2)色层的排列应有一定的逻辑顺序性，以正确表示数值特点，即代表各种不同数量特征的面积色彩应按照一定的深浅比例或冷暖进行变化，一般用类似色。

数量小	数量大
低饱和度	高饱和度
高明度	低明度
冷色调	暖色调

(3)从小数据量到大数据量，色彩的变化规律是浓冷—浅冷—浅暖—浓暖，但表示河流经流、降水量等现象时，规律相反，数值越大越冷，数值越小越暖。

五、步骤

(1)新建地图文档，依次添加湖北省卫生事业图的面、线、点文件(1. wt，1. wl，1. wp)。

(2)了解整个湖北省各种线划之间的含义。

(3)确定色级底色的色调组成。

(4)在地图文档中分别添加区简单要素类和注记类，输入矩形区，并根据设计好的色级底色填充，在区的适当位置输入注记说明，具体方法可参考实习十三，注意图例配置的位置要适当，保证图面平稳均衡。

(5)激活湖北省卫生事业图的面数据，逐一填入颜色，注意同一级的颜色一次填完后，再填另一级的颜色。

(6)图外整饰，加上图框，写上图名、班级、姓名等。

六、注意

(1)用色不要太多，一般选两三种色为宜。

(2)用色不要太原始，多用复色。

实习十三　编写专题地图编辑设计书

地图设计是在研究各种编图资料、专题内容和区域地理特征的基础上，经过各种试验，最后写成编辑设计文件，作为地图的依据。它是专题地图制作过程中的一个重要准备工作，直接影响着产品的质量。因此，编辑设计书要写得具有实用性、指导性和针对性，文字确切、简明清楚。

一、目的

通过编辑设计书的编写，熟悉专题地图制作的一些准备工作，掌握专题地图编辑设计书编写的基本内容和方法。

二、内容要求

编制《武汉市高校分布图》和《武汉市购房指南图》。

地图幅面：对开。

成品规格：四色双面彩印。

用纸：90g 以上胶版纸（或铜版纸）。

三、实习步骤

（1）搜集、分析研究编图资料，确定资料的使用程度和加工处理的方法。

（2）研究专题内容与区域地理的联系与特点。

（3）根据编图目的进行初步的地图设计工作，经过一些实验，把设计中的有关项目给予明确。

（4）将初步设计研究的成果，写出地图编辑设计书，内容包括：①地图的主题、内容、用途；②图幅范围、比例尺、投影、开本（或规格）；③使用的基本资料、补充资料、参考资料；④专题内容在图上的表现形式。选择表示方法，设计符号系统及制作图例；⑤专题内容的制图综合。根据所设计地图的内容作具体规定，对点、线、面要素的选择、简化、分类、合并等方面提出具体要求；⑥设计图面配置方案。在地图幅面上如何安排图名、图例、主图、附图、附表、比例尺、图廓，做到既合理使用幅面，又能突出主题。

实习十四　编制平若县粮食作物结构图

一、目的要求

了解专题地图设计与制作方法,要求上交设计报告。

二、说明

分区统计图是将专题地图先设计成点状符号,然后表示在地理底图上形成的。分区统计图中的点状符号所代表的是整个区域的数据,通常以数据的绝对值表示,而且,以点状符号的扩展形式,如结构图、柱状图、玫瑰图等居多,它们一般都定位在这个区域的重心位置。

三、实习步骤

(1)对平若县行政略图(图 32)进行数字化,做成地理底图。

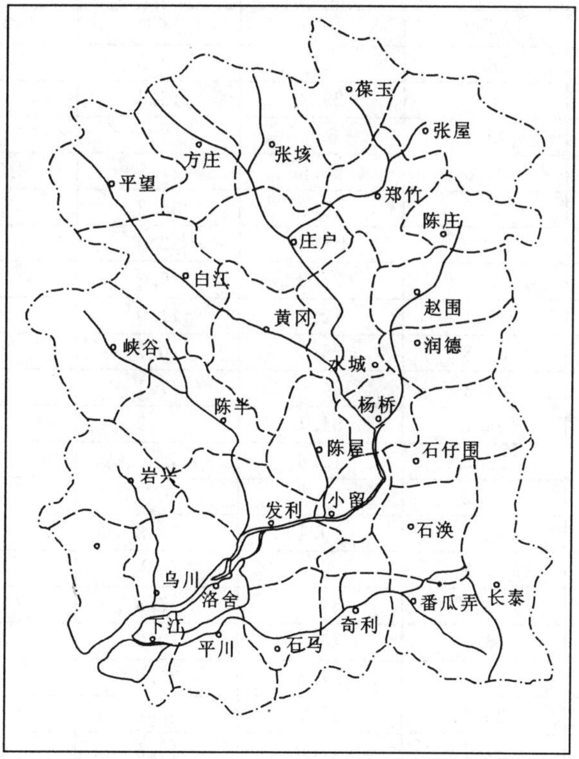

图 32　平若县行政缩略图

(2)整理表 8 中的数据。

(3)利用专题图制作中的直方图，饼状图或放射状图形式，并将其加在地理底图的适当位置，即可形成分区统计图形式的平若县粮食作物结构图。

(4)图形输出。

四、基础数据(表 8)

表 8　平若县粮食作物结构　　(单位：10^4kg)

序号	乡名	总产	其中			
			水稻	小麦	玉米	其他
1	平望	24.7		11.4	12.7	0.6
2	方庄	16.3		9	7.3	
3	张核	26.3		14.3	10.2	1.8
4	葆玉	22	1.6	16.5	1.8	2.1
5	白江	44.2	4.4	31.9	5.2	2.7
6	庄户	53.8	6	39.2	1.9	6.7
7	张屋	19.1	2.2	4.7	11	1.2
8	郑竹	38.6	17.6	12.4	3.7	4.9
9	陈庄	32.7	11.5	7	2.2	12
10	赵围	49.9	21.1	8.9		19.9
11	水城	65.2	40.5	14.2	4.4	5.1
12	润德	38.2	15	18.8	4.4	
13	黄冈	57	29.3	16.6	7	4.1
14	峡山	49.5	6.9	20	1.2	21.4
15	陈半	73.6	26.6	27.5	19.5	
16	岩兴	65.2	18.7	35.2	5.1	6.2
17	发利	131.6	103.3	22.6		5.7
18	陈屋	51	27.2	16.8	2.7	4.3
19	石仔围	41.1	12.4	11.9	2	14.8
20	杨桥	32.8	16.8	10.7	3.3	2
21	新围	88.3	24.5	47.1	7.6	9.1
22	乌川	63.7	51.7	10.2		1.8
23	洛舍	29.5	19.6	3.1		6.8
24	下江	55.3	46.7			8.6
25	石涣	42.7	19.1	19.2	4.4	
26	长泰	34.2	6.6	7.8	3.1	16.7
27	平川	71.9	54.6	17.3		
28	石马	69	46.3	10.7	7.6	4.4
29	奇利	63	37.6	21.8	3.2	0.4
30	下留	26.4	20.7	4.8		0.9
31	番瓜弄	37.7	17.5	14.5	4.6	1.1

实习十五　根据离散点数据勾绘等值线

一、目的要求

等值线是表示空间数据体积——三维的线状符号，等高线是其中主要的一种。通过本实习勾绘一张等高线图，可深入了解等值线的特性及制作过程。

二、实习步骤

(1)用透图纸透绘所有高程值和山脊线、山谷线。

(2)用透图纸制作内插等高线用的一组平行线。

(3)内插等高线，把它表示在山顶、山脊线、山谷线和山脚之间。

(4)勾绘等高线。

(5)在相应位置注记等高线高程值。

三、基础资料(图 33)

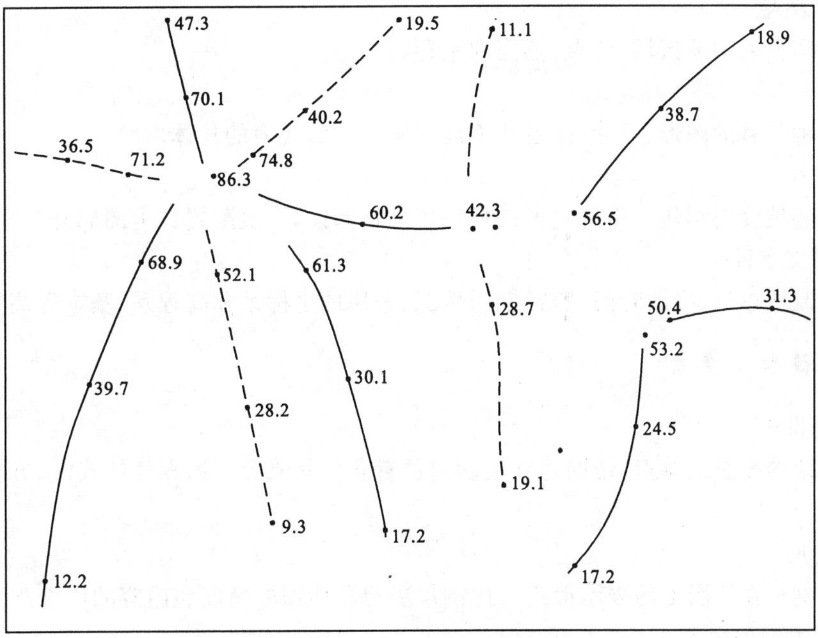

实测高程点（单位：m；基本等距5m）

图 33　实测高程点

实习十六 阅读地形图

一、目的

(1)理解地图所表示诸要素的内容,建立符号与表示对象的联系,加深对地图特点的认识。

(2)熟悉图式,运用图式了解地形图的内容及表示方法,为今后的学习打下基础。

(3)通过具体的量测,掌握运用手工方法进行量算的基本技能,为正确应用地图打下基础。

二、要求

(1)地形图是机密,不能丢失。图面应保持清洁。

(2)每人交一份读图报告。要求字体工整,图形清晰。

(3)时间:课内外 2 小时。

三、实习步骤

(一)阅读辅助要素

1. 图名图号

了解地图所表示的区域、位置、范围和主题。

2. 图例

了解各种符号的图形、尺寸、颜色及不同规格注记所代表的具体内容。

3. 坡度尺

便于量测坡度而制作。借助它可进行地貌分析阅读,一般配置在南图廓外。

4. 制图文字说明

可了解制图单位、成图时间、资料使用情况、采用的坐标系和高程系、基本等高距等。

(二)阅读数学要素

1. 地图投影

了解该地图投影的特点,帮助建立正确的位置和形状概念。识别经纬线网、方里网和控制点。

2. 比例尺

了解比例尺在该图上的表示形式。比例尺决定着地图的精度和内容的详细程度。

3. 三北方向偏角图

了解三北方向偏角图的表示,根据三北方向线和偏角值定出地图定向,进行真方位角、磁方位角、坐标方位角的换算。

(三)阅读图形要素

1. 水系

了解该区域内河流、湖泊、海洋、水库、沟渠、井泉等的分布。阅读水陆界线，弄清河流性质、河段情况等。

2. 地貌

了解该区域的地形起伏状况，可根据等高线疏密、高程注记、等高线形态特征来判明地形起伏和地貌类型。具体读出山头、山脊、山谷、山坡、凹地、鞍部等基本地形。

3. 土质、植被

土质主要了解地表覆盖层的性质，植被主要了解地表植被的类型及其分布。

4. 居民地

主要阅读居民地类型、形状、人口数量、行政等级、分布密度、分布特点等。

5. 交通网

了解交通线种类、等级、路面性质、宽度，主要站点，水上交通网，港口和航线情况等。

6. 境界线

了解该图区域内的政治、行政区划情况，主要境界线的种类和位置。

7. 独立地物

主要有文物古迹、判断方位的重要标志，具有特殊意义的工、农业地物等。

按照上述顺序，边阅读、边记录。

四、读图报告的内容

(一)简介

图名，图号，比例尺，坐标网，地理位置，行政归属，作业单位，出版年月，坐标系，高程系及图式。

(二)简要介绍图幅的地理状况

水系，交通网，居民地及地势的分布情况。

(三)地理内容及其表示方法

分六大要素写出图中表示的地理内容，表示方法等。要求少用文字，多用图形，图形的描绘尽量接近图式。

(四)读图的收获、体会

(五)量算及判读

1. 枝城市

(1)善溪冲水库(46—47，74—75)的高程。

(2)白洪溪水库(35—36，75—76)的高程。

(3)中南光学仪器厂(34—35,68)的高程,平面坐标。

(4)枝城市(陆城 43,64)的经纬度范围。

(5)三角点(34—35,70—71)与水塔(41—42,64—65)间的实地距离。

(6)桥(42—43,64—65)与渡口(42—43,73—74)间的实地距离。

2. 长阳土家族自治县

(1)三角点(14—16,64—65)与隔河岩水电站(13—14,72—73)之间的实地距离。

(2)云台山(20—21,61—62)与桥(18—19,67—68)之间的实地距离。

(3)煤矿(05—06,65—66)与大堰乡(08—09,57—58)之间的实地距离。

(4)马磨河水库(19—20,64—65)的高程。

(5)杨家湾矿井(15—16,65—66)的高程,平面坐标。

(6)隔河岩水电站(13—14,72—73)的高程。

(7)长阳土家族自治县(18,72)的经纬度范围。

3. 猇亭区

(1)大溪水库(80—81,28—29)的高程。

(2)六眼冲水库(42—43,80—81)的高程。

(3)桥(41—42,91—92)的高程。

(4)水塔(39—40,78—79)的地理坐标,平面坐标。

(5)三角点(24—25,79—80)与桥(29—30,76—77)间的实地距离。

(6)码头(39—40,78—79)与烟囱(39—40,81—82)间的实地距离。

(7)烟囱(32—33,91—92)与宝塔(30—31,93—94)间的实地距离。

4. 高家堰镇

(1)树(14—15,89—90)的高程。

(2)树(15—16,82—83)的高程。

(3)龙王洞(18—19,88—89)的高程。

(4)三角点(10—11,80—81)与桥(16—17,82—83)间的实地距离。

(5)鸡公岩(16—17,88—89)与龙王洞间的实地距离。

(6)四方山(06—07,85—86)与三角点(10—11,80—81)间的实地距离。

(7)高家堰镇(05,87)的经纬度范围。

五、工具

直尺,两脚规,铅笔。

实习十七 阅读专题地图

一、目的

通过阅读专题地图，掌握专题地图的特点及表示方法，了解专题地图与普通地图的区别。

二、要求

(1)阅读地图时，应保持图面干净清洁。
(2)每人上交一份 400 字左右的读图报告。
(3)时间：课内外 1 小时。

三、报告内容

(1)图中表示的主要内容。
(2)所采用的表示方法。
(3)该图与普通地图的区别。
(4)该图设计的优点及不足之处。

实习十八　渠网制图综合

一、实习目的

通过实习使同学们掌握渠网的制图综合。

二、实习内容

渠网的制图综合。基本资料比例尺为 1∶5 万，新编图比例尺为 1∶10 万。

三、资料说明

本制图区域位于江苏省扬州地区(图 34)。地势平坦，沟渠密集、纵横交错。沟渠与河流之间构成较为规则的格网状。河流有津河、白涂河、九曲河等，这些河流的实地宽度大部分都超过 40m。

图 34　制图区域地形图(1∶5 万)

四、编绘方法

等大编绘。

五、制图综合要求

(1)河流、沟渠选取的长度分界尺度为0.8～1cm。密集河、渠的间距一般<3mm。选取时应按从大到小，由主及次的顺序进行。为了反映渠网密度和呈格网状特征，可选取少量长度小于选取指标的渠道。

(2)图上宽度≥0.4mm的河、渠，用依比例的双线表示，宽度<0.4mm的用单线表示。用单线表示的沟渠，视其主次，分别用0.3mm和0.15mm线粗表示。

(3)图上长≥5cm的河、渠应注记名称。该区的河名等均以2.5mm(11k)左斜宋体注出。

六、实习步骤

(1)普染水域面积(淡蓝色)。

(2)绘内图廓线(黑色)。

(3)编绘河流、沟渠(蓝色)。

(4)注记(蓝色)。

七、实习时限

课内外2学时。

实习十九　河流、湖泊制图综合

一、实习目的

通过实习使同学们掌握平原型河流的制图综合。

二、实习内容

河流、湖泊的制图综合。基本资料图比例尺为1∶5万，新编图比例尺为1∶10万。

三、资料说明

本制图区域位于吉林省境内，地势平坦，河曲极为发育，河道变化复杂，汊流、辫流、牛轭湖形态大量出现。按其发育阶段属壮、老年河类型。位于西部的河流两岸已沼化。

四、编绘方法

等大编绘。

五、制图综合要求

(1)河流选取的分界尺度为1cm。

(2)图上河宽≥0.4mm的用双线依比例尺表示；<0.4mm的，视图上长度用0.1～0.4mm的单线表示。

(3)化简时应注意反映河流发育阶段的特征：对老年河的河漫滩地带的汊流、牛轭湖，当其图上长度≥5mm、宽度≥0.4mm的用双线表示，小于上述尺度的用单线表示。

为了反映其特征，个别牛轭湖当其宽度不能用双线表示时。可夸大到0.4mm用双线表示。图上湖、河之间的间距不小于0.2mm。

(4)化简河流、湖泊形状时，应注意保持河流蜿蜒曲折、形状各异的特征和牛轭湖的形状，以及湖泊分布密度对比。

(5)湖泊选取的面积分界尺度为$1mm^2$。

(6)凡图上<0.5mm×0.6mm的弯曲可删除，特征弯曲应夸大到0.5mm×0.6mm表示。

(7)沼泽地以相应的符号散列配置绘出。

(8)河流名称注记均以2.5mm(11k)的左宋体注出。

六、实习步骤

(1)普染湖泊和双线河水域(淡蓝色)。

(2)绘内图廓线(黑色)。
(3)编绘河流和湖泊(蓝色)。
(4)编绘沼泽地(蓝色)。
(5)注记河流名称(蓝色)。

七、实习时限

课内外1.5学时。

实习二十　河系制图综合

一、实习目的

通过实习使同学们掌握小比例尺地形图河系的化简原则和方法。

二、实习内容

河系的制图综合。基本资料图比例尺为1∶50万，新编图比例尺为1∶100万。

三、资料说明

本区位于陕西省西安市附近(图35)。主流清水河由北向东南，各支流汇入构成比较典型的树枝状河系。清水河河曲弯曲较大，形状各异。各支流较为平直。

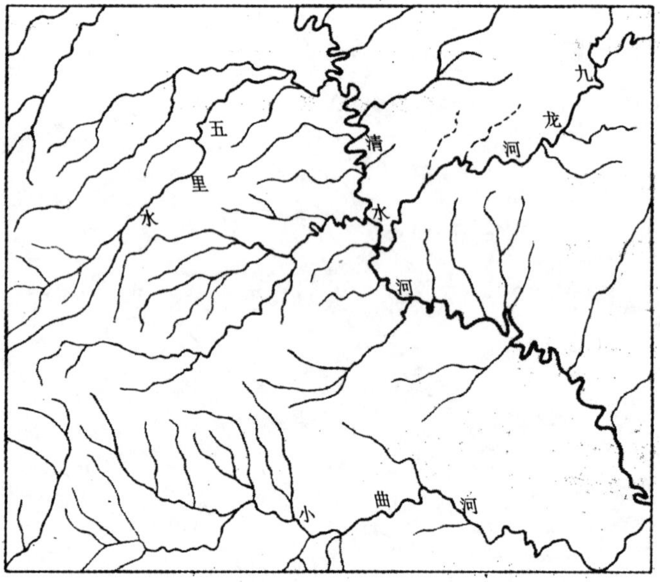

图35　清水河地形图(1∶50万)

四、编绘方法

等大编绘。

五、制图综合要求

(1)河流选取的分界尺度为0.8～1cm。选取时应正确表示河系呈树枝状的特征,即支流多而不规则,并从不同方向呈锐角汇入主流构成形状如树枝型的图形特征。

(2)本区河流均用单线表示。用单线表示的河流视其图上长度用不同线粗描绘:①主流用0.3～0.4mm线粗描绘;②支流长1cm的,用0.1～0.15mm线粗描绘;长2cm的,用0.1～0.2mm线粗描绘;长大于5cm的,用0.1～0.3mm线粗描绘。

(3)图上小于0.5mm×0.6mm的河流弯曲一般可删除。具有特征意义的小弯曲可夸大表示。在化简河流弯曲时,应注意反映不同地段、不同河流的弯曲程度对比。

(4)选取河流时,应按从大到小、由主到次的顺序进行。要明显区分主、支流关系。

(5)图上长≥5cm的河流应注记名称。河名的字隔一般不超过字大的5倍。宋体大小如下:①清水河用2.5mm(11k)左斜宋体注出;②其余的用2.0mm(9k)左斜宋体注出。

六、实习步骤

(1)绘内图廓线(黑色)。

(2)编绘河流(先主流、后支流)(蓝色)。

(3)注记河流名称(蓝色)。

七、实习时限

课内外各1学时。

实习二十一　城市式居民地与道路制图综合

一、实习目的

掌握城市式居民地与道路网制图综合原则与方法。

二、实习内容

城市式居民地与道路网制图综合，资料图比例尺为 1∶5 万；新编比例尺为 1∶10 万。

三、资料说明

区域位于吉林省境内，最大的城市居民地是榆树县，平面图形结构特征为不规则状，其他的居民地均为农村居民地，多为街区式、散列式，居民地密度为中密度。道路有建筑中铁路、铁路、简易公路、大车路、小路(图 36)。

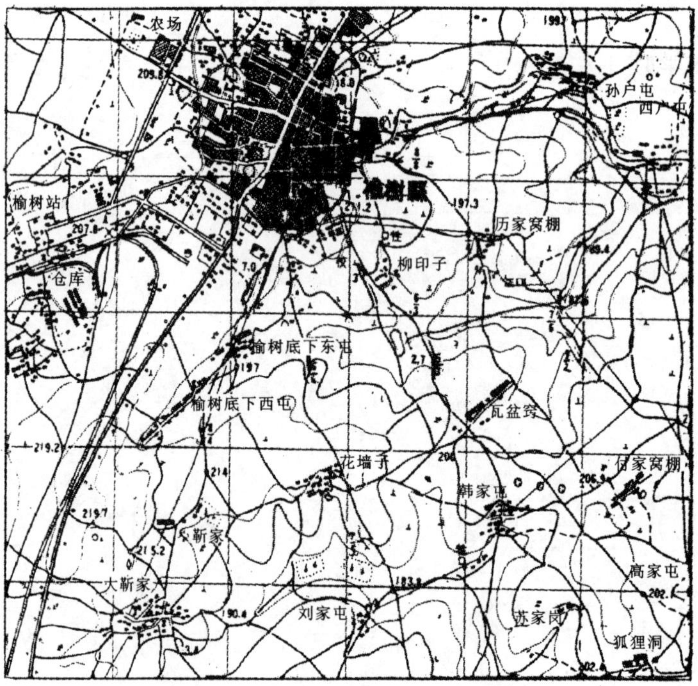

图 36　榆树县地形图(1∶5 万)

四、编绘方法

等大编绘。

五、编绘要求

(1)化简榆树县城市平面图形时，应按城市居民地形状化简程序进行。

选取居民地内方位物：①塔形建筑物；②火力发电站；③气象站；④油库。

选取铁路、火车站及主要街道(连贯性强，与公路相连，与火车站、飞机场相连)需要将铁路和主要街道沿符号中心线向两旁加宽描绘。

选取次要街道：有利于反映居民地图形特征，有利于反映街道网密度对比。

概括街区内部特征：合并、删除和夸大方法，概括建筑地段图形。

概括居民地外围轮廓特征：确定居民地范围，保持外围轮廓明显拐角。居民地外围小独立房屋、稀疏街区对保持居民地外围轮廓都很重要。对城市外围房屋选 1/2。

(2)正确反映榆树县平面图形的不规则结构特征，选取街道时，不能随意将街道拉伸。

(3)选取与简易公路以上的道路相衔接的为主要街道，落选的为次要街道。

(4)由密集街区构成的街区单元，图上面积一般为 16～25mm^2；城市外围和郊区房屋地段街区单元面积一般为 4～16mm^2。

(5)正确反映居民地内部建筑面积和非建筑面积的对比关系，街区内的基地面积 1～2mm^2的可不表示。街区的凸凹拐角$<0.25mm^2$的可舍去或夸大表示。

建筑面积与空地面积：①密集街区，合并街区(删除小街道)，删除不重要(小)的边缘建筑；②稀疏街区，选取居民地的方法。

建筑面积与街道面积对比：街道符号夸大，必然侵占街区范围，致使建筑面积缩小，通过舍去次要街道而补偿面积缩小。

(6)农村居民地的化简，应注意反映街区式和散列式居民地的特点，保持街区式的主要通道和散列式的分布范围和密度对比。

街区式：舍去次要街道，合并街区为主。

散列式：通过选取独立房屋。

选取重要部位房屋：居民地中心部位道路交叉口、河流汇合处，选取反映居民地范围和形状的独立房屋。保持居民地内部房屋分布的不同密度对比。

(7)本区可舍去 2～3 个小型农村居民地。

(8)道路进行综合时，道路网格图上面积$>2mm^2$。

(9)简易公路改用等级公路表示。道路网格图上面积一般不小于 2cm^2。

(10)居民地注记等级：

县级	3.25mm(14k)	等线体
主要村庄	2.75mm(12k)	仿宋体
其他村庄	2.25mm(10k)	仿宋体

六、实习步骤

(1)普染水域面积(淡蓝色)。

(2)绘内图廓线(黑色)。

(3)编绘水系(蓝色)。

(4)选取居民地内的独立地物(黑色)。

(5)居民地的编绘(选取主、次街道)(黑色)。

(6)道路及附属物的编绘(黑色)。

(7)注记(黑色)。

七、实习时限

课内外 2 学时。

实习二十二　街区式农村居民地与道路制图综合

一、实习内容

街区式农村居民地与道路制图综合，资料图比例尺为 1∶5 万。新编图比例尺为 1∶10 万。

二、实习目的

掌握街区式农村居民地与道路网制图综合的原则和方法。

三、资料说明

本区位于北京市与河北省交界处，地势平坦。居民地分布均匀，居民地类型为街区式居民地，道路有公路、简易公路、大车路、乡村路等。由道路构成平面图多呈四边形和三角形等形状。

四、编绘方法

等大编绘。

五、要求

(1)本区内可舍去 2～3 个居民地。

(2)按街区式居民地图形特征进行化简，注意反映居民地内的通道，凡与公路相接的街道以主要街道表示，其他的以次要街道表示。

(3)图上街区单元面积一般为 4～16mm^2，街区凹凸部分＜0.25mm^2时，可舍去或夸大表示。

(4)街区外缘不依比例尺房屋，不得并入街道，应进行适当取舍，取舍优先选取与居民地外围轮廓形状有关的普通房屋，普通房屋可做较大取舍，一般舍去 1/2。

(5)图上街区内面积为＜2mm^2的基地可并入街区，街区均以涂黑表示。

(6)居民地内部普通房屋与相邻街区间隔＜1mm 时可并入街区，少入口处的普通房屋，一般不得并入街区。

(7)简易公路以上的等级道路全部选取，其他道路可进行取舍，道路网格一般不能小于 2cm^2。优先选择乡、镇、大村庄之间的道路，两居民地间有数条道路相连接时，应首先选等级较高的距离最短的道路。

(8)机耕路(大车路)、乡村路和小路的图形可适当化简，舍去一些无特征意义的小弯曲。

(9)公路上的桥梁一般应表示，但在地物稠密地区可选取跨越主要河流的桥梁。公路上的桥梁应加注载重吨数，其他数量特征均可舍去。

(10)居民地名称冠以东、西、南、北等时，一般不能按总名和分名处理。密集时，应选注其中较大村庄的名称。

(11)居民地名称注记等级：

乡级	长沟	3.0mm(13k)中等线体
村庄		2.25mm(10k)仿宋体

六、实习步骤

(1)普染水库、湖泊水域面积(淡蓝色)。

(2)绘内图廓(黑色)。

(3)编绘河流、水库和湖泊(蓝色)。

(4)编绘居民地(黑色)。

(5)编绘道路(黑色)。

(6)注记(黑色)。

七、实习时限

课内外2学时。

实习二十三　散列式农村居民地与道路制图综合

一、实习目的

通过实习使同学们掌握大比例尺地形图上散列式农村居民地和道路网综合的原则和方法。

二、实习内容

农村式居民地与道路网的制图综合。基本资料图比例尺为 1∶5 万，新编图比例尺为 1∶10 万。

三、资料说明

本区位于江苏省境内，地势平坦。居民地均为农村式居民地。按其平面图形结构特征属散列式居民地，分布较均匀，密度中等。

四、编绘方法

等大编绘。

五、制图综合要求

(1)据 1∶10 万编图规范选取规定，本制图区居民地基本全取。局部较密时可舍去 2～3 个居民地。舍去的居民地应按图形与注记同时取舍的原则进行。

(2)按散列式居民地图形化简的原则进行化简。注意反映居民地的分布范围、形状及房屋分布的密度对比。优先选取依比例尺表示的房屋及位于居民地中心和外围特征处的普通房屋。普通房屋可选取 1/2～1/3。

(3)依比例尺表示的普通房屋缩小后，其长、宽分别<0.4mm×0.6mm 的，用不依比例尺的房屋优先选取表示。

(4)居民地名称应配置适当、指示明确，并避免压盖居民地的出入口、道路交叉口及其他重要地物。

(5)机耕路、乡村路全部选取。小路应视道路稠密程度进行取舍，其网格面积一般不小于 $1cm^2$。两居民地之间有数条道路相接时，应优先选取等级高的、距离最短的道路。

(6)注意反映居民地与道路的关系(入口处、通过平面图形内部等关系)，道路与道路相衔接的关系(虚线路应实部相交)。

(7)图上居民地名称注记均用 2.25mm(10k)仿宋体注出。

六、实习步骤

(1)普染水库、湖泊水域面积(淡蓝色)。
(2)绘内图廓(黑色)。
(3)编绘河流、水库和湖泊(蓝色)。
(4)编绘居民地(黑色)。
(5)编绘道路(黑色)。
(6)注记(黑色)。

七、实习时限

课内外 2 学时。

实习二十四　流水侵蚀地貌制图综合

一、实习目的

通过作业使同学初步掌握地貌综合的原则和方法。

二、实习内容

流水侵蚀地貌制图综合。资料比例尺为 1∶10 万，新编图比例尺为 1∶20 万。

三、资料说明

本区为流水作用形成的丘陵地貌，冲沟发育，山体破碎。斜坡为凸形坡，山顶呈圆形，谷地多为“V”形谷。等高距为 20m(图 37)。

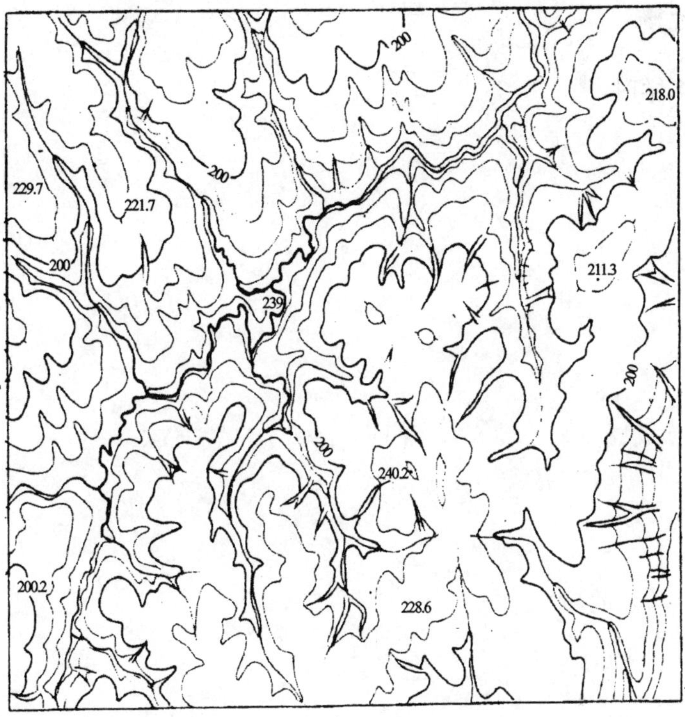

图 37　流水侵蚀地貌(1∶10 万)

四、综合要求

(1)新编图等高距为 40m。

(2)凡 200m 整倍数的等高线以计曲线表示;选取高程点和等高线高程注记 5～6 个。

(3)河流弯曲<0.5mm×0.6mm 的一般舍去,要注意河流与等高线的适应关系。

(4)选取图上长≥3mm,间距≥3mm 的冲沟,许多短小冲沟虽小于上述指标,但形成特点时,可择要夸张表示。双线冲沟图上宽<0.4mm 时,改为单线表示。

(5)用铅笔勾出应选取谷地的谷底线。控制谷地的选取,并使等高线协调套合。最小谷间距为 2～3mm。选取大、长、深的谷地并优先选取表示鞍部的谷地。

(6)为表示谷地侵蚀强烈,使谷地明显,有些谷底等高线可向上源延伸,但应<1/2 等高距。

五、实习步骤

(1)内图廓。

(2)河流。

(3)高程点、等高线注记和地貌符号。

(4)画地貌结构线,编绘等高线。

六、实习时限

课内外各 1.5 学时。

实习二十五　低山地貌制图综合

一、实习目的

通过实习初步掌握以正向地貌为主的等高线图形的化简原则和方法。

二、实习内容

低山地貌的制图综合。资料图比例尺为 1∶5 万，新编图比例尺为 1∶10 万。

三、资料说明

本区为低山地貌(图 38)。整个地势向东北方向倾斜，最高高程在东南部，为 510.3m，区内高程一般都在 400m 左右。斜坡一般为凸形坡和等齐坡。坡面上受流水切割，发育了不等密度的冲沟。谷地较狭窄，多呈“V”形。山顶浑圆。主流向东北流，河流弯曲较大，资料图等高距为 10m。

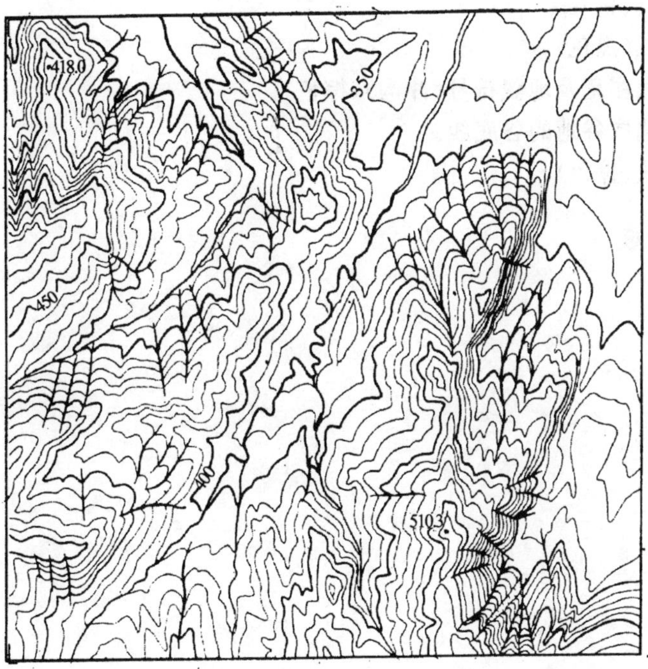

图 38　山地地貌(1∶5 万)

四、编绘方法

等大编绘。

五、制图综合要求

(1)图上宽≥0.4mm 的河流,用双线依比例尺表示,<0.4mm 的用单线表示,并视其在图上长度用 0.1～0.4mm 逐渐变化的单线表示。

(2)河流选取的分界尺度为 1cm。

(3)新编图等高距为 20m,每 100m 整倍数为加粗等高线。等高线和高程注记共选注 2～3 个。

(4)注意反映该区地貌基本形状特征。为了强调谷地的方向、等高线之间的协调关系和斜坡形态特征,个别等高线局部适当移位,移位量最大不大于 1/2 等高距。

(5)本区是以正向为主的地貌,化简时,应删除次要的谷地(即合并相邻的山脊)。

(6)正确表示谷地的形态,以及主、支谷关系。综合后图上相邻谷的谷口间距为 3～5mm。

(7)图上长≥6mm 的冲沟应表示,宽度<0.4mm 时,用单线表示。冲沟之间间距一般不大于 2mm。

六、实习步骤

(1)绘内图廓(黑色)。

(2)编绘河流(蓝色)。

(3)选取高程点(黑色)。

(4)等高线高程注记及地貌符号(冲沟)(棕色)。

(5)勾绘出欲选取谷地的谷底线。

(6)编绘等高线(棕色)。

七、实习时限

课内外各 2 学时。

实习二十六　黄土地貌制图综合

一、实习目的

通过实习进一步掌握黄土地貌等高线图形的化简及形状特征的表示。

二、实习内容

黄土地貌的制图综合。资料图比例尺为1∶5万，新编图比例尺为1∶10万。

三、资料说明

本区为黄土沟谷地貌。整个地势由西北向东南倾斜，区内一般高程500m左右，最高高程858.7m。本区地形属切割较为破碎的斜梁地形。梁面比较平坦，但由于两侧沟谷向源侵蚀，使梁面较为破碎。梁顶上的山头多呈圆形和椭圆形。斜坡陡峭，呈凸形坡。冲沟狭窄，向上源侵蚀较强。沟头呈楔形。资料图等高距20m(图39)。

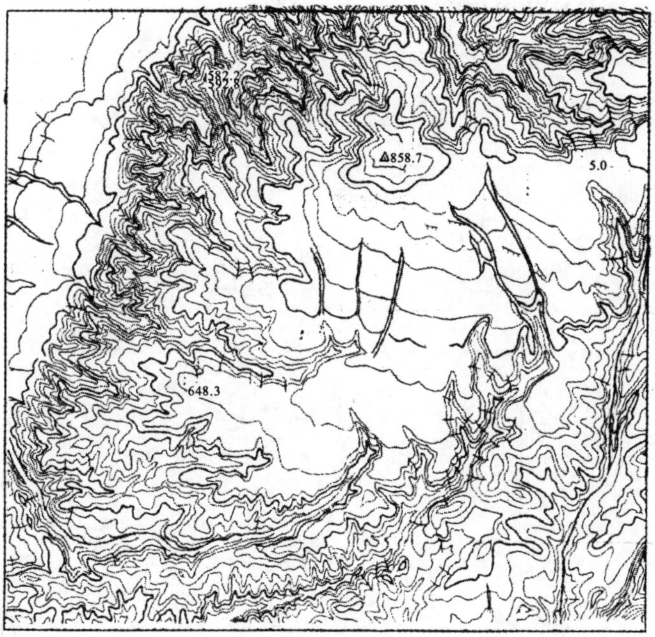

图39　黄土沟谷地貌(1∶5万)

四、编绘方法

放大编绘。

五、制图综合要求

(1)河流全部表示。

(2)新编图等高距为40m。每200m整倍数的等高线以计曲线表示。高程点及等高线注记选取4～5个。注记及符号大小(含粗度)均放大1倍。

(3)正确表示谷地大小、形态及主支谷关系。反映本区楔形谷狭窄尖锐并呈"V"字形的形状特征。

(4)选取图上长12mm、间距4mm以上的冲沟。图上宽度<0.8mm的冲沟,用单线表示。

(5)图上相邻谷的谷口间距一般为4～8mm。在选取谷地时,应注意主谷的延伸方向和延伸距离。优先选取反映鞍部上的谷地。

六、实习步骤

(1)绘内图廓(黑色)。

(2)编绘河流(蓝色)。

(3)选取高程点(黑色)。

(4)选取等高线高程注记及地貌符号(冲沟)(棕色)。

(5)勾绘出欲选取谷地的谷底线。

(6)编绘等高线(棕色)。

七、实习时限

课内外各2学时。

实习二十七　用等比数列法进行河流的选取

一、目的

了解水系综合时，既考虑河流的长度，又考虑河网密度的一种选取方法。

二、要求

设计一个 r、p 值均为 1.4 的等比数列表，假定河流全取长度为 8cm，全舍长度为 3cm，而要求河流间的最小平均间隔为 1.2cm。

三、实例

以某一流域的选取为例，在新编的地图上，长于 15cm 的河流已经全取了，而短于 4cm 的河流已舍去。在长度为 15～4cm 的河流，若按河流间距小于 1.5cm 也舍弃的条件，表 9 中的数据便是按等比数列 $r=1.3$、$p=1.5$ 计算出来的结果。

表 9 表明，处在河长 4～15cm 的河流，其选取间距>1.5cm 后应该选取的支流。例如，某支流长 7cm，它两侧的河流平均距离为 5cm ，决定它是否入选的选取间隔则为 5.2cm。故选取完比它更长的支流后，轮到选择这段 7cm 的支流时，由于它未达到平均间距 5.2 cm，这段支流便被删去。

表 9　等比数列模式(实例)　　(单位:cm)

河长分级 \ 间距分级	1.5～2.3	2.3～3.4	3.4～5.1	5.1～7.6	7.6～11.4	11.4～17.3
>14.8	1.9					
11.4～14.8	2.3	2.9				
8.8～11.4	2.9	3.5	4.3			
6.8～8.8	3.8	4.3	5.1	6.3		
5.2～6.8	5.2	5.6	6.3	7.6	9.5	
4～5.2	7.2	7.5	8.1	9.5	11.4	14.3

四、实习步骤

(1)绘制一个如上表的空白表格。
(2)对数据进行检验。
(3)对样图进行河流选取,应删去的用红笔显示。

五、基础资料

见图 40[制版时已缩小(1∶2),实习时应放大 1 倍使用]。

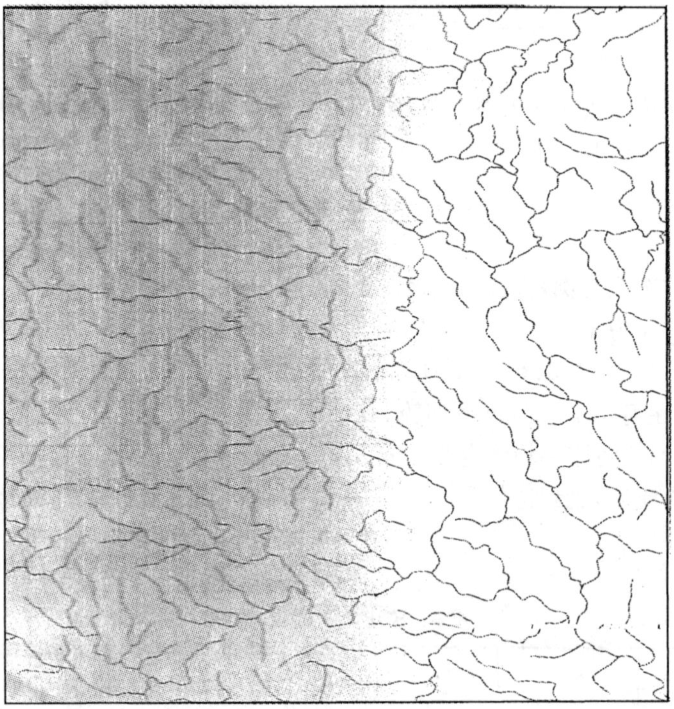

图 40　某区域水系图

六、工具

计算器,三角板,白纸。

实习二十八　用开方根规律进行居民地的选取

一、目的

了解地图内容变化的数量关系，也进行居民地选取的资格排队训练。

二、基本原理

1. 原理

开方根规律是制图综合中的一项定量选取技术，它解决了资料图与新编地图由于比例尺变换产生的地物数量递减问题，可应用于地图各要素的综合。

2. 开方根规律的通用公式

点状要素

$$N_B = N_A \sqrt{(M_A/M_B)^x} \qquad (28-1)$$

线状要素

$$N_B = N_A S_A / S_B \sqrt{(M_A/M_B)^x} \qquad (28-2)$$

面状要素

$$N_B = N_A f_A / f_B \sqrt{(M_A/M_B)^x} \qquad (28-3)$$

3. 中小比例尺地图上的居民地多数是点状地物

因此，可采用公式(28－1)运算。x 视新编地图居民地表示的详细程度而定，如：$x=0$(详尽)，$x=1$(详细)，$x=2$(欠详细)，$x=3$(简略)。

4. 新编地图上居民地数目确定后，就要进行居民地的删除

其中一种原则是删除的资格排队。所谓资格排队是对居民地的等级高低进行选取，例如某区域新编地图需要选取 50 个居民地，根据重要挑选，首先将省会、市县政府驻地和主要集镇选入，共占 38 个，余下的 12 个居民地则要在新编图上的其他居民地中按资格排队也就是重要性排队。表示重要性的指标有：

(1)位居水陆交通要道。

(2)经济上有突出或特殊的作用。

(3)历史、革命、文化胜地。

(4)地理上的要冲(如周口店、韶山、居庸关等)。

(5)顾及地理分布，如在一大片山区中虽然都是不大的村庄，但也要考虑一个代表这片山区的居民地。

三、内容

选择一张 1∶25 万地形图作为资料图(图 41)，将它缩小到 1∶50 万新编图，按开方根规

律计算居民地个数，进行资格排队并绘图。

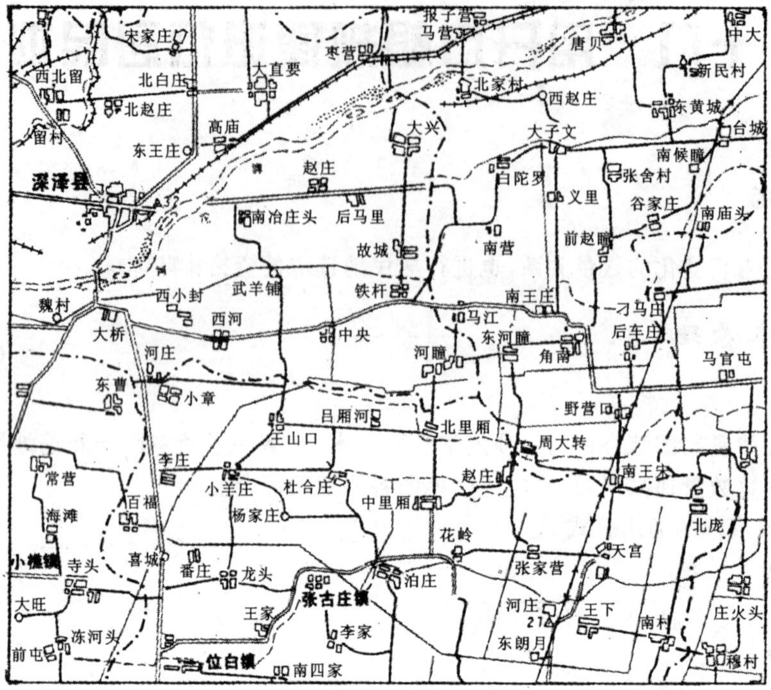

图 41　1∶25 万地形图

四、实习步骤

(1)计算居民地选取个数。

(2)用透明纸覆盖在地形图上，根据自己的理解选取居民地。

(3)在选定的市县驻地、集镇上，简绘其平面图。

(4)剩余的居民地可以采用圈形符号表示。

(5)绘制在透明纸上的选点图，要复制成按新编地图比例尺的图形，故圈形符号的尺寸，要考虑资料图和新编图的比例尺换算系数进行设计。

(6)按比例尺缩小复制成新编地图的居民地选取图。

五、工具

透明纸，三角板，圆规，2H 铅笔。

实习二十九　等高线自动选取

一、目的

通过作业使学生初步掌握自动地貌综合的原则和方法。

二、内容

等高线的自动选取。

三、资料说明

本区为流水作用形成的丘陵地貌，冲沟发育，山体破碎。斜坡为凸形坡，山顶呈圆形，谷地多为“V”形谷。等高距10m。

四、应用软件

C语言或Visual C＋＋。

五、制图综合要求

(1)用对话框形式显示用户对新编图等高距的要求。对话框要求美观、直观。

(2)先是图形要把计曲线和首曲线用不同粗细的线划表示。选取的等高线用不同于原图等高线的颜色的线划表示。

(3)可以在图上实施放大、缩小、移动、旋转功能。

六、实习步骤

(1)根据提供的数据文件(如dgxxq.zip)显示原图。

(2)制作界面。

(3)等高线自动选取。

七、实习时限

课内外各4学时。

实习三十　全要素制图综合

一、目的

通过实习掌握大比例尺地形图各要素制图综合的原则、方法，以及各要素之间相互关系的处理。

二、内容

“1∶10万金堂县”制图综合。资料图比例尺为1∶5万，新编图比例尺为1∶10万。

三、制图区域地理情况

本区位于四川盆地内，属盆北深丘低山区。整个地势东高西低，是由丘陵到低山的过渡地带，最高点865.0m，位于本区东南角山地。最低点400多米，位于金堂县北河岸地带。

1. 地貌

本区为流水侵蚀地貌，属中等切割。据其形状和地表起伏特点，可将本区分为两个地貌小区：

(1)东部低山区：属低山地貌类型。区内海拔高程一般在400～800m，相对高程多在200m左右，斜坡比较陡峭，一般为等齐坡和凸形坡。由于该区岩层性质不一，使局部地区斜坡呈阶梯形。山顶形态多浑圆。谷地狭窄，呈“V”字形。

(2)西部丘陵区：地表起伏平缓。南部地势较高，本区最高点蟠龙山503.3m，沱江两岸地势平坦。该区地表切割较为破碎，谷地多呈“U”形。

2. 水系

本区河网多呈树枝状。沱江及其支流均由西北向南流贯本区，其河宽均在100m以上。

由于流经的地势较平坦，流速减慢，河流堆积物及汊流比较发育，两岸砾石、砂石沉积物增多。河流弯曲较大，为一壮年期河流。东部山地多为幼年期河流。区内还有湖泊、人工修建的渠道和水库分布。

3. 居民地

除金堂县外，均属农村式居民地。金堂县就其平面图形特征属混合型(北部为辐射状，南部为矩形状)，沿清白江呈长条形分布。农村式居民地主要为分散式居民地，仅西北角有少量的散列式居民地分布。居民地分布密度：东部低山区为稀疏区；西部丘陵区密度较大，为中等密度区。

4. 道路网

有建筑中的铁路、普通公路、建筑中的简易公路、简易公路、乡村路和小路等，构成不规则的道路网格。

5. 植被

本区东部山地有小面积森林、疏林和森林分布。水稻田分布面积较广，多沿河谷分布。

本区基本资料(图 42)由于成图时间较早，社会经济要素变化较大。编图时需予以修改补充。

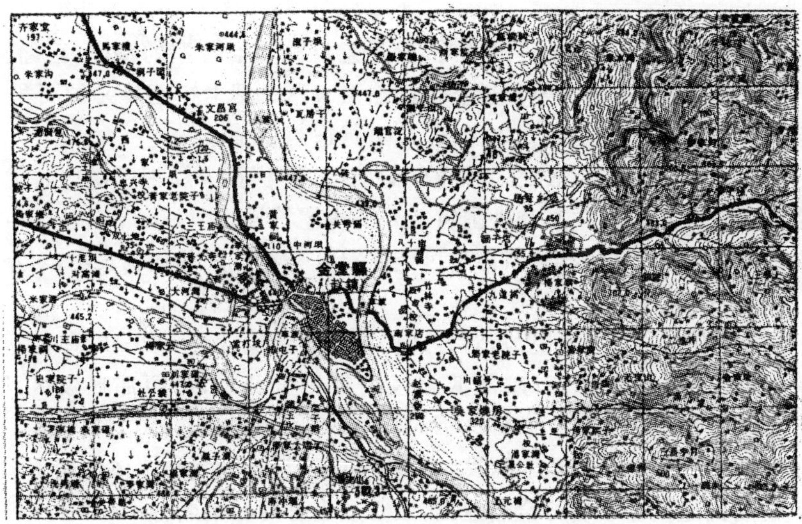

图 42　1∶5 万金堂县地图

四、编绘方法

放大编绘。

五、制图综合要求

1. 独立地物

选取有方位作用和有重要意义的，如烟囱、纪念碑、塔形建筑物等。对既无方位作用，又无重要意义的可大量舍去，如窑、庙宇等。墓地、土地庙等全部舍去。

2. 水系

(1)实地宽≥40m 或图上宽≥0.4mm 的河流以双线表示，图上沱江、清白江、昆江均以双线表示。小于上述标准的以单线表示，线粗视其图上长度用 0.1～0.4mm 绘出。

(2)河流选取的分界尺度为 1cm；湖泊、水库选取的面积分界尺度为 $1mm^2$；河心岛为 $0.5mm^2$。

(3)图上沟渠均用单线表示。并视其主次，分别用 0.3mm 和 0.15mm 表示。本制图区域内，基本资料图上用双线表示的沟渠改用 0.3mm 主渠表示，其余用 0.15mm 支渠表示。

(4)高水界与水涯线间的距离，在图上≥2mm 时应表示。并以相应的土质、植被符号填绘于相应地段。

(5)选取与道路相联系的渡口，并区分为车渡、人渡。车渡须加注“车渡”及载重吨数。

(6)表示主渠上的输水槽。

(7)图上长≥5cm 的河流均应注出河名，较长的河流每隔 15～20cm 重复注出。

沱江　　　　　3.0mm(13k)　　　　左斜宋体

清白江、昆江　　2.5mm(11k)　　　　左斜宋体

(8)河流、较大的沟渠需表示流向。

3. 居民地

(1)城镇式居民地：化简金堂县居民地时，要注意反映其混合型的特征，正确区分主、次街道，通常与公路相连接的街道为主要街道。街区涂黑表示。图上街区单元的面积一般为 16～25mm²。街区外缘的普通房屋不得并入街区，应进行适当取舍。

(2)散列式居民地：注意保持居民地分布区的范围、形状及房屋密度对比。优先选取依比例尺表示的房屋及位于居民地中心和外围特征处的房屋符号。

(3)分散式居民地：应根据地形、名称尽可能确定其分布范围并强调表示；对不能确定其分布范围的，应尽量按原位注出其名称注记。

(4)由普通房屋组成的农村居民地，对普通房屋选取的尺度为 1/2～1/3。

(5)居民地选取的分界尺度为：东部低山区大致可全部选取；西部丘陵区：80～100 个/dm²。

(6)居民地的名称注记：凡选取的居民地一般均应注记，其字级、字体见表 10。

镇级以上的居民地按行政名称全名注出，当行政名称与驻地名称不一致时，驻地自然名称作副名注处，用比正名小两级的中等线体字注出。镇级居民地的副名按村庄注出。乡级居民地按行政名称注出，"乡"字省略。

居民地名称应配置适当，指示明确，并避免压盖居民地出入口、道路交叉口及其他重要地物。

表 10　字级、字体规定

级别	字级	字体
县级	3.25mm(14k)	粗等线体
县级副名	2.75mm(12k)	中等线体
乡、镇级	3.0mm(13k)	中等线体
村庄(主要集、场、街)	2.75mm(12k)	仿宋体
一般村庄	2.25mm(10k)	仿宋体

4. 道路网

(1)资料图上简易公路以上道路全取。乡村路、小路应视各区道路网密度、特征和道路本身的重要性进行选取。选取的网眼尺度为 2～4cm²。优先选取联结乡、镇、大村庄之间的道路，通往高级公路、车站、码头、矿山的道路。选取后一般应使居民地之间、居民地与主要地物之间均有道路连接。

(2)据现势资料，本区内的建筑中的铁路现已建成，编绘时按原路基描绘为已成铁路。没有路基地段沿 450m 等高线及沱江描至南图廓。

(3)公路：按新图式，区分为等级和等外两种。

由东向西经金堂县的公路为等级公路。在公路上加注"4"字(公路技术等级代码)，其符号为线粗0.15mm的双线，两线间隔为0.3mm，涂染棕色；由北向南经金堂县的公路，为等外公路。在公路上加注"9"字(公路技术等级代码)。其符号为线粗0.1mm的双线，两线间隔为0.3mm空白。

东部一段建筑中的简易公路现已建成，用等外公路表示。编绘时按原路基描绘，并南接等级公路，往北沿等高线、河流延伸，直至东图廓线。

(4)铁路、公路的图形尽可能详细表示。乡村路、小路可舍去一些小弯曲。用虚线表示的道路交叉点应实部相衔接。

(5)公路上的桥梁在地物稀少区一般全部表示，地物稠密区可选跨越主要河流的桥梁。一般应加注载重吨数。据现时资料，沱江上的"车渡"现已建成石质大桥，载重吨数为10t。编绘时予以更正。

5. 地貌

(1)新编图等高距为20m，每100m整倍数的等高线以计曲线表示。

(2)高程点和等高线高程注记的选取尺度为10～15个/100cm^2。优先选取测量控制点、最高点、山隘处的高程点等。

(3)正确表示山脊、山顶、谷地、斜坡、鞍部的形态特征：东部低山区的山顶呈圆形特征；谷地狭窄，过谷底的等高线呈"V"字形；斜坡呈等齐形、凸形、阶梯形的特征。西部丘陵区注意反映地表切割较破碎。等高线比较圆滑和山顶浑圆、过谷等高线呈"U"字形特征。

(4)等高线图形应按正向地貌的化简原则进行。为了强调地貌基本形态，个别等高线可局部移位，但不大于1/2等高线。

(5)山脊上的山头和独立高地的闭合等高线最小直径一般不小于0.5mm。山脊上同走向的小山头，距离<0.3mm时，可适当合并。西部丘陵区的独立山头一般只能取舍而不合并。

(6)图上相邻谷的谷口间距，东部低山区为3～6mm；西部丘陵区为2～5mm。

(7)山峰、独立山头的名称一般均应注出。图上蟠龙山以2.5mm(11k)长中等线字注出。

6. 植被

(1)正确反映植被轮廓形状，图上<1.5mm的弯曲可以适当化简。同类植被间距<1mm。

(2)图上面积≥10mm^{2}的森林应表示，小于此面积的一般不表示，仅在森林稀少地区适当选取，并用其小面积符号表示。图上的小面积树林可舍去。

(3)树林不绘地类界，按图上分布情况，可配置符号。

(4)稻田、经济作物地，图上面积≥50mm^{2}的均表示。沿沟谷狭长分布的稻田，宽度<2mm、长度≥1cm的也应表示。

7. 管线垣栅

通讯线，除地物稀少区表示外，其他地区一般不表示。图上距铁路、公路3mm以内的通讯线不表示，但在其分岔和转折处，应绘出一段通讯线符号，以示走向。

六、编绘程序(未标注用色的均为黑色)

(1)普染水域面积(淡蓝色)。

(2)普染森林面积(淡绿色)。

(3)绘内图廓线。

(4)平面控制点、高程点及独立地物。

(5)水系及附属物。

(6)铁路、主要居民地。

(7)公路及道路附属物。

(8)次要居民地及一般道路。

(9)通讯线。

(10)地貌和土质(棕色)。

(11)植被。

(12)注记及整饰。

七、实习时限

课内外各 6 学时。

实习三十一　旅游地图编制

一、目的

编制一幅本地区的旅游景点发布图，初步掌握旅游地图的设计与制作过程。

二、要求

要求能在参考本地区已有的旅游地图基础上，设计与制作成为在符号设计、图形配置、应用功能等某个方面具有特色的旅游地图。

三、说明

旅游地图是适应旅游事业的需要而发展起来的。旅游地图是突出表示制图区域的旅游要素的一种专题地图。其反映的内容可以包括旅游主体，旅游客体和旅游媒介。因此，它可以产生许多不同种类的旅游地图，以满足多方面的需要。旅游图要清晰易读、色彩鲜艳、艺术性强、具有高度的直观性和吸引力，有一定的收藏价值。

旅游地图的编辑，除应遵循地图制作的一般规律外，还须考虑本身的一些特点：

(1)图内显示的内容要实用，应围绕"为旅游者服务"的指导思想来选取内容，并把它们表示在第一层面上。除了主图外，还可配置一些景点的图片。

(2)旅游图不仅有实用价值，还应有艺术欣赏价值。因此，对图例符号、表现形式和图面整饰等均应作细致的设计。

(3)旅游图必须便于携带和随时阅读，因此，图纸要求质地紧密、份量轻、耐折叠，图幅大小要恰当，印刷的色彩柔和、光泽性好。

(4)应结合景点特征，设计一些图案化、结构简洁的符号，色彩要有象征性，便于快速阅读和记忆，容易为广大读者所接受。

根据旅游地图用途，可分为导游图、宣传广告图和规划决策图三类：

(1)导游图是为旅游者提供行、住、食、游、购、娱等多种旅游指导信息的地图。

(2)宣传广告图是以宣传旅游产品、扩大旅游市场为目的，图上着重表示旅游区、旅游线路、旅游景点、旅游项目、旅游日程及旅游报价。

(3)管理规划图主要为旅游管理者、决策者和旅游研究者服务。这类图要求内容详尽、定位准确、分析科学，是拟定旅游发展战略、制定旅游发展规划、确定旅游管理决策及管理目标的依据。

四、步骤

1. 资料收集

收集本地区的有关旅游景点分布和介绍的图件与文字资料，选择道路交通比较详细、现势性好、内容较丰富的普通地图作为地理底图。

2. 矢量化

勾绘主要底图要素，根据不同的用途确定不同的要素，一般都要包括主要的山脉、山体、道路、主要居民点等。

3. 符号设计

(1)原理。旅游图中涉及的符号，在图内要素不是太密的情况下，可多设计一些象形符号，使读者能立即理解所表示的内容。

符号设计是旅游图设计的关键。系统符号提供了一些几何符号和象形符号，但制作不同地区的旅游图，由于旅游资源不同，所需符号也各不相同，特别是象形符号，通常要根据旅游区域的自然或人文特点，设计相应的符号。

在计算机制图系统的符号设计子系统中，主要是点状符号的设计，可通过规则几何符号进行组合、搭配而成。而对于一些比较复杂的象形符号，可以扫描相应或接近的照片，勾绘其轮廓。最后存入符号库。

(2)步骤：启动“地图编辑器”，点击“系统库管理”菜单下的“符号库管理”项，系统即弹出“符号库管理”对话框(图 43)，可对系统当前的符号库进行管理。MapGIS K9 提供多种形式的符号信息，用户可导入矢量、栅格以及 XML 形式的符号。

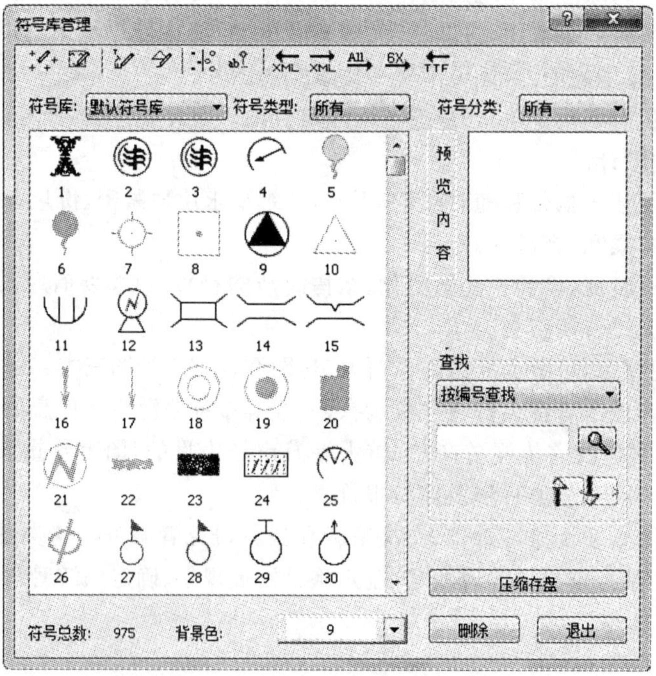

图 43　符号库管理

点击对话框中工具栏上第一个按钮，弹出“符号类型选择”对话框，供用户选择相应的符号类型(图 44)。

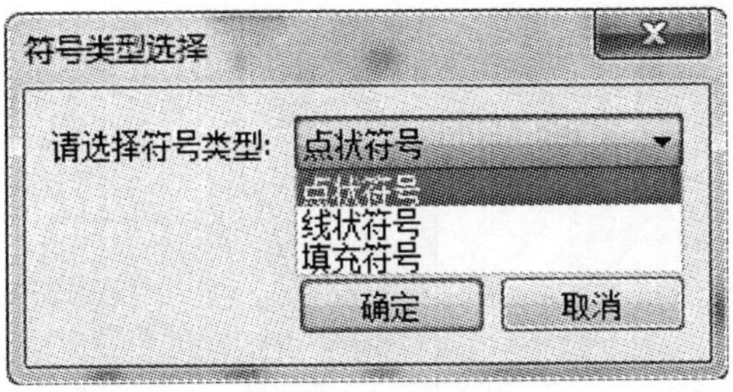

图 44　符号类型选择

选中符号类型后，系统弹出“符号编辑”对话框(图 45)，用户编辑相应的子图信息。

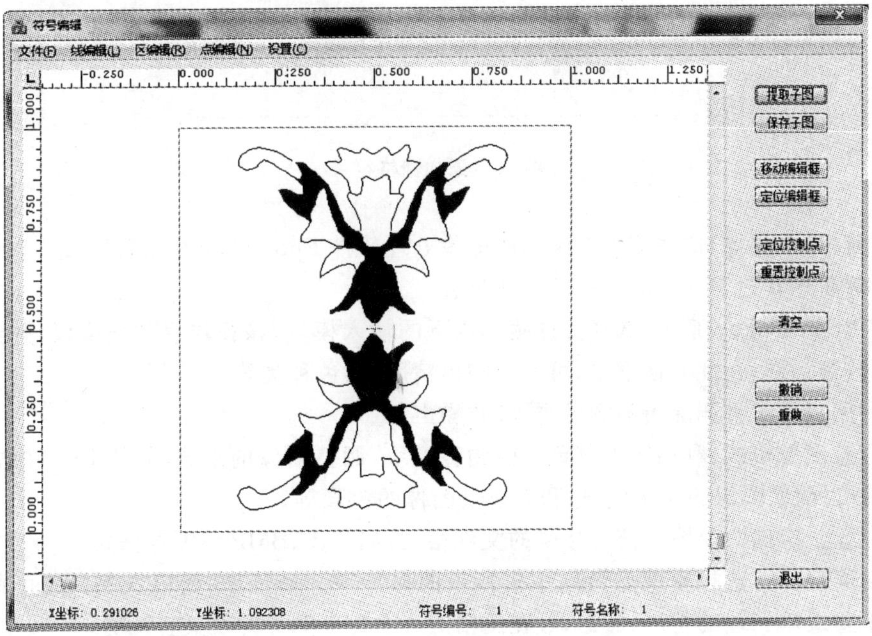

图 45　符号编辑

点击“符号库管理”对话框中工具栏上第二个按钮，弹出“添加栅格符号”对话框(图 46)，用户可选择导入图片形式的栅格数据作为符号。

4. 配文字、照片

照片在 MapGIS 系统中是以点图元来处理的，所以只需在点图元中选择图像，系统将提供对话框选择图像文件的位置。

照片数据的获取在计算机制图系统中，有两种方式：一是可直接来自数码相机的数字图像数据，这类数据可直接运用到图幅设计中；另一种是冲洗的照片或宣传画，这类资料，必须通过扫描，转成数字图像数据，才可使用。但要达到较好的效果，通常都需要作一些简单的处理，比

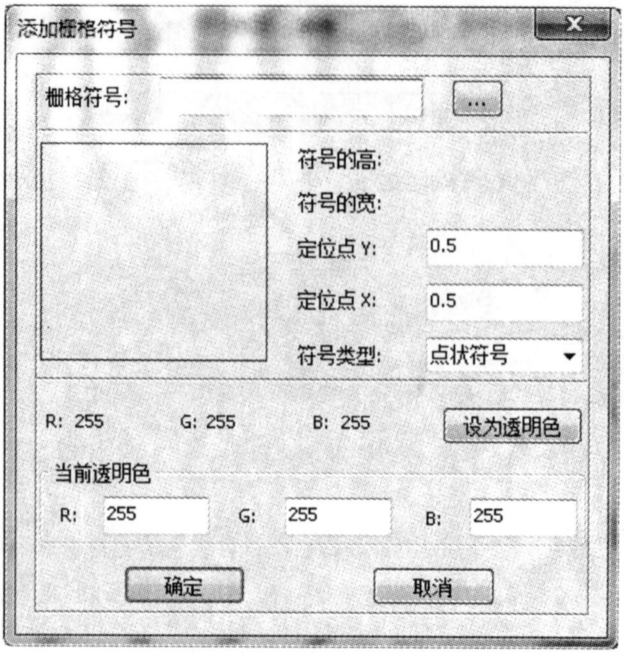

图 46　添加栅格符号

如图像的剪切、柔化等，这些都可在常用的图像处理软件 Photoshop 中处理完成。以下以冲洗的照片为例简述其在 Photoshop 中的操作过程：

(1)打开 Potoshop 系统，选择文件菜单条下的输入模块，该模块启动扫描仪，并给出扫描仪扫描参数对话框，在此对话框中，可设置扫描精度、颜色种类等。

(2)利用裁剪工具删除所需图像周围的“噪声”。

(3)调整图像模式：利用图像菜单下的调整模块，调整图像的模式，如从 RGB 模式调整到 CMYK 模式；调整图像的明暗度、饱和度以及图像的色彩等。

(4)存盘。存储为绘图系统可接受的文件格式，如 TIF、BMP 等图像格式。

(5)封面设计。选择反映旅游区主要特色的典型照片作底图，配以文字。还可配适当广告，广告主要反映当地的特产、旅馆，可在图幅的边上配上其照片及文字说明。

(6)地图拼版与整饰：要进行地图拼版与整饰，就首先需要对地图版面进行设计。这里所说的地图版面是指地图内容如工程(图形数据)、图名、指北针、图例、比例尺等其他地图要素和辅助要素等在纸面上的布局。

(7)输出。

五、基础资料

根据选定的编图区域，给出大于编图比例尺的普通地图、遥感影像、该地区的景点介绍、其他有关参考图件、景点照片及文字资料等。

课程设计:用 MapGIS K9 编制 1∶10 万地形图

一、目的

通过实习,让学生熟悉用 MapGIS K9 编制地图的全过程及基本方法,了解 MapGIS K9 在制图领域中的应用。巩固课堂上所学的地图编绘的基本原理、综合理论和方法,从而提高学生的专业水平和动手能力,为今后的工作打下坚实的基础。

二、内容

采用 1∶5 万地形图为基本资料,其图名图号分别为高家堰镇(H49E009013)、猇亭区(H49E009014)、长阳土家族自治县(H49E010013)、枝城市(H49E010014)。

采用等大编绘法,两个学生编上述 1∶5 万地形图中的一幅(即 1/4 幅 1∶10 万的地形图),最后将相邻的四幅 1∶5 万地形图拼成一幅 1∶10 万地形图(H49D005007)。

三、步骤

(一)在草图上进行制图综合

对于初次使用 MapGIS K9 的学生而言,很难直接在计算机上准确地进行综合。因此,要求学生在用 MapGIS K9 进行编图之前,首先用彩笔或铅笔在草图上进行综合取舍。

各要素的综合原则及指标规定如下:

1. 居民地

表示图上依比例尺表示的居民地及其注记。

街区式居民地图形均以其轮廓形状来表示。其轮廓形状可作较大的概括。

农村式散列式或街区周围独立房屋的选取指标约为 1/2。优先选取居民地的中心部分,其距离较远的房屋一律舍去,选取时应注意居民地的分布密度。

所有选上的居民地均注出其名称。

2. 水系及其附属物

(1)选取长度≥14mm 的河流。

(2)选取图上面积≥16mm² 的湖泊、水库。

资料图上的单线仍以单线表示,线粗为 0.1～0.4mm。图上宽度不足 0.8mm 时,应以单线表示。

河宽、河深、河底性质及桥的说明注记均不表示。

3. 道路

表示图上的铁路和公路。

4. 地貌

新编图上的等高距为100m。

山坡上两谷间的距离不应窄于6mm。

山脊上相邻很近的小山头，其间距小于0.5mm时，可以合并。

5. 控制点

图上的控制点，包括三角点、水准点及埋石点全部选取。其高程注记精确至0.1m。

6. 独立地物

优先选取表示第一类高大的方位物如烟囱、水塔、塔形建筑物、科学测站、电视发射塔、气象站、纪念碑、亭等。对于没有方位意义的地物符号可大量舍去，如露天设备、棚房、窑、水磨房、水车、旧碉堡、旧地堡、敖包、玛尼堆等。

7. 高程点

高程点选取指标为：5个/$100cm^2$。

高程注记精确至1m。

选取原则：选取有控制意义的独立山头、山顶或重要地物的高程；选取全图最高点和最低点；每块山体的最高点；有山峰名称的高程点；一、二类方位物上的高程点；线状物体交叉点等。选取后要求分布均匀。

8. 道路网

铁路、公路(高速公路、等级公路、等外公路)除次要枝叉可舍外，全部表示。

机耕路作为高级道路的补充，仅表示通往镇、乡、大居民地的机耕路。小路一般不表示。

铁路车站、双线路上桥梁基本表示，不注站名。

隧道、路堤在图上>12mm时可表示。

9. 地貌

新编图采用的等高距为40m，200m的整倍数为计曲线。

山坡上两谷间的距离不应窄于6mm。

山脊上相邻很近的小山头，其间距<0.5mm时，可以合并。

图上长于3cm的干河床应表示。

选取具有重要意义和有方位作用的山名注记。

适当选注等高线注记。

10. 管线

包括高压输电线、通讯线和管道。

只表示通往城镇、厂矿、工农业中心的高压输电线路。

土城墙、砖石城墙应全部表示。

11. 土质、植被

只绘出面积在$20mm^2$以上各种植被的地类界。

图上面积>$8cm^2$的植被需注出植被种类和高度。

(二)数据的输入

数据输入的方法有两种。

1. 数字化输入

数字化输入按基本图元(点、线、面)方式进行。点图元的数字化只采集其定位点，线图元数字化只跟踪基线，面图元的数字化是用游标跟踪其区域轮廓线。其基本过程为：

数字化仪初始化→装入文件→图元数字化→保存数据文件。

2. 扫描输入

扫描输入是通过扫描仪直接输入图，并以栅格形式存储于图形或图像文件(＊.tif)中，然后经过矢量化转换成矢量数据，存入点、线、面、注记文件中。本次实习就是采用这种输入形式。

(三)数据准备

数据准备过程主要包括创建本地地理数据库以及导入地理底图等操作(图 47)，操作步骤参见实习二。

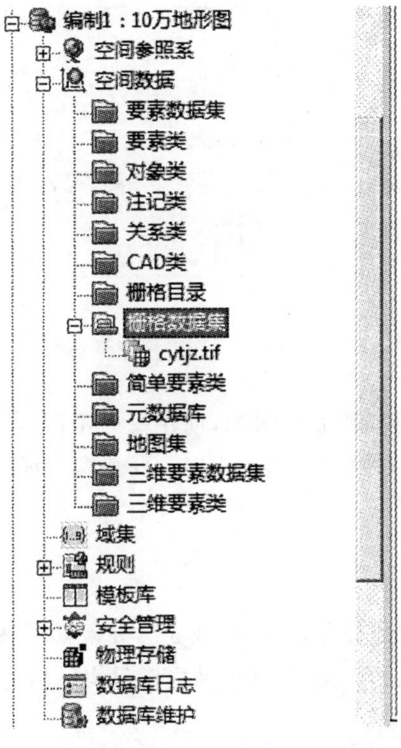

图 47　导入栅格底图后的地理数据库结构

(四)制作图例板

图例板的主要作用在于方便地提供拾取固定参数。比如说，我们在数据录入时，输入另一个图元之前，可以在图例板中拾取该图元的固定参数，这样可以避免进入单项重新修改该此类图元的默认参数。

通过浏览影像，寻找影像上出现的图例，有针对性地创建图例板。

打开地图编辑器，右键文档管理下方的空白处，右键单击选择“打开图例板”，系统弹出“图例板”对话框，在对话框中图例板方框处双击，对话框即可展开为编辑状态（图 48）。

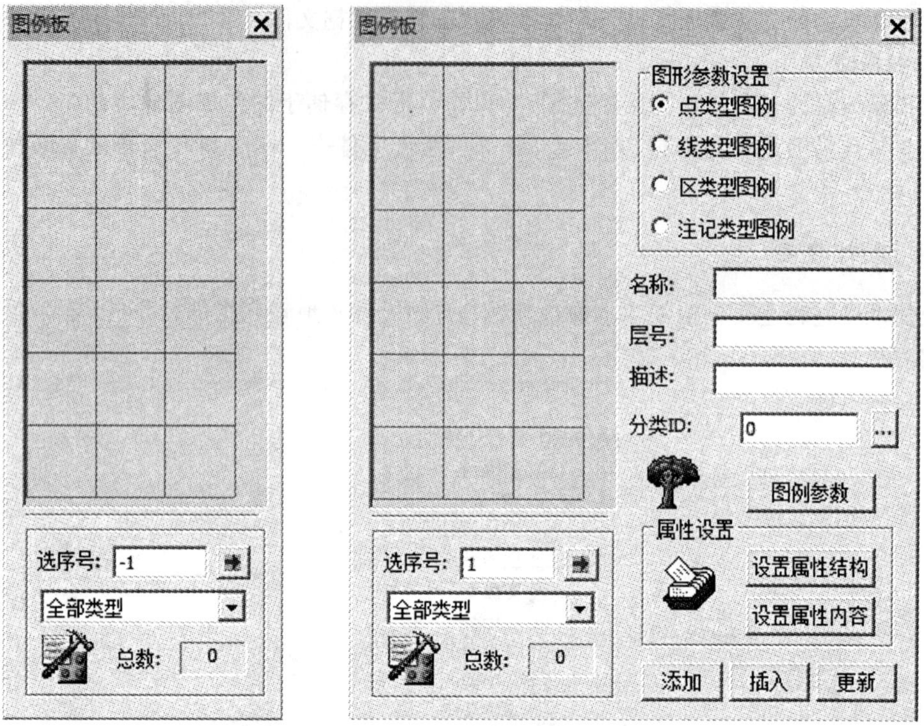

图 48　图例板编辑

可以创建点、线、区、注记 4 种类型图例，创建每一个图例都可以设置它的名称、层号、描述、分类 ID、图例参数、设置属性结构、属性内容。要注意合理分类图例，设置好图例参数。

右键保存编辑好的图例板。

（五）图像配准

由于手工操作误差、数字化设备精度、图纸变形等因素，使输入后的图形与实际图形在位置上往往有误差，必须经过图像的配准，才能使之满足实际精度要求。

1. 标准图幅影像配准

（1）打开 MapGIS 栅格目录管理器子系统，从数据库里将需要校正的标准图幅影像数据添加进来。读图幅的信息：①图幅号，存在图幅号说明是标准图幅；②采用的空间坐标系，例如 1980 西安坐标系；③网格间距；④比例尺。

（2）切换到栅格校正视图，将影像数据设为当前编辑状态，点击栅格校正工具栏上的第一个按钮，开始栅格校正。

（3）点击“图幅生成控制点”按钮，系统弹出“标准图幅生成控制点”对话框。点击“输入图幅信息”按钮，根据读图的结果输入图幅号、网格间距和空间坐标系等信息。点击确定，则对话框中自动出现图幅 4 个角点坐标（图 49）。

图 49　图幅生成控制点

(4)将 4 个角点坐标值与图幅对应上去，确定图幅左上角、右上角、左下角、右下角控制点坐标信息，点击“生成 GCP 点”，即控制点，弹出“是否删除原有控制点”，点击“是”，删除以后就会根据刚才的 4 个坐标点生成整个图幅的控制点(图 50)。

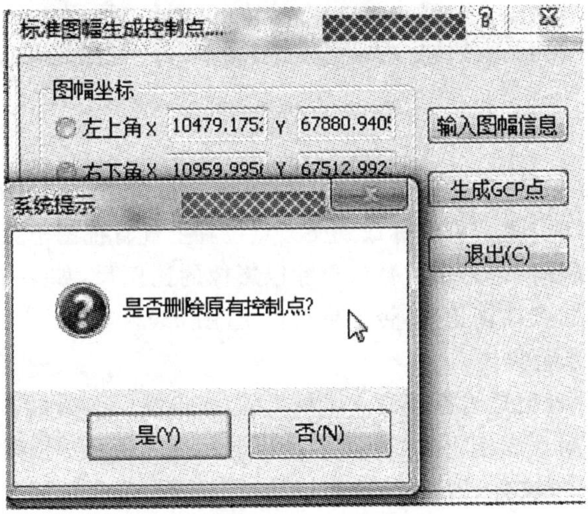

图 50　生成控制点

(5)按 F5 放大准确地将自动生成的控制点与网格交叉点对准，对准后点击鼠标并按空格键跳到下一个控制点，为了达到校正的准确度，要每个控制点都检查一遍，如果对准的话就不必要再修改(图 51)。

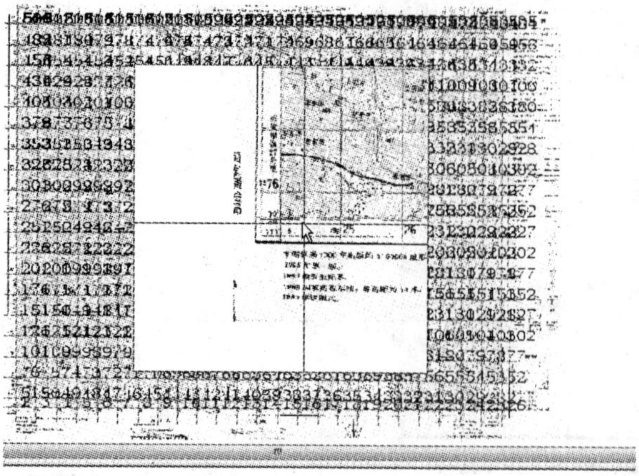
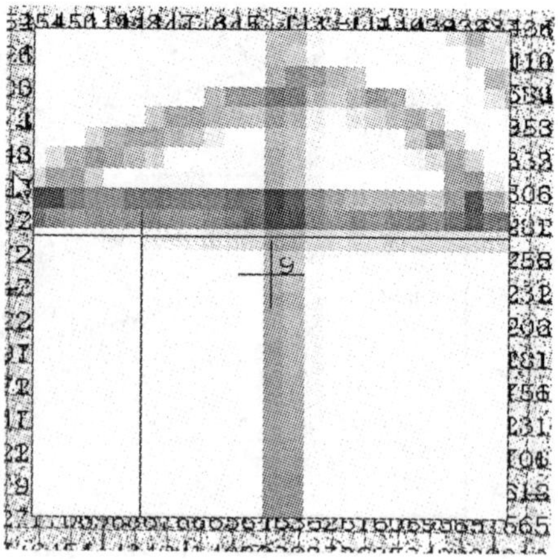

图 51 修改控制点

(6)顺序修改控制点完成后,点击"逐格网校正"按钮,进行逐格网校正了(图 52)。注意象元分辨率一般不高于 300。

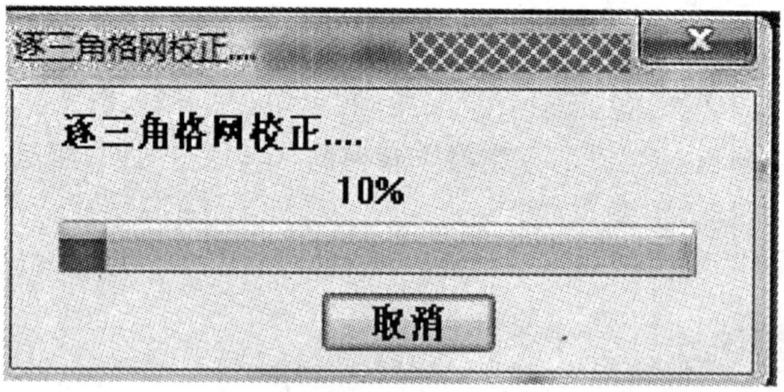

图 52 三角格网校正

(7)检查校正结果。打开地图编辑器,添加校正后的影像数据。查看影像上某个网格交叉点的实际公里值(单位为公里),将鼠标放到交叉点位置上查看视图下方显示对应的坐标值(单位为毫米),将公里值换算为毫米单位数值再除以影像的比例尺,如果得到的数值与视图下方显示对应的坐标值一致,则校正正确,否则重新校正(图 53)。

2. 非标准图幅影像配准

非标准图幅校正原理也是根据控制点来校正的,但不像标准图幅那样可以根据图幅号、网格间距、坐标系信息自动生成相应的控制点。所以非标准图幅需要根据参考图层数据来校正,参考图层数据可以是图框文件、面文件,也可以是影像数据,但是必须有空间坐标。

(1)生成 1∶5 万标准图框作为参考图层。操作方法见实习八。根据读图信息,设置西南图廓点的经纬度,网间距离:2cm,采用高斯投影,椭球参数选择"1980 西安坐标系",同时勾选"标记实际坐标值"选项。生成后将图框数据保存到地理数据库。

(2)打开 MapGIS 栅格目录子系统,添加非标准影像数据。切换到栅格校正视图,设为当前编辑状态,点击"开始栅格校正",显示图幅。点击"删除所有控制点"按钮,删除当前图像

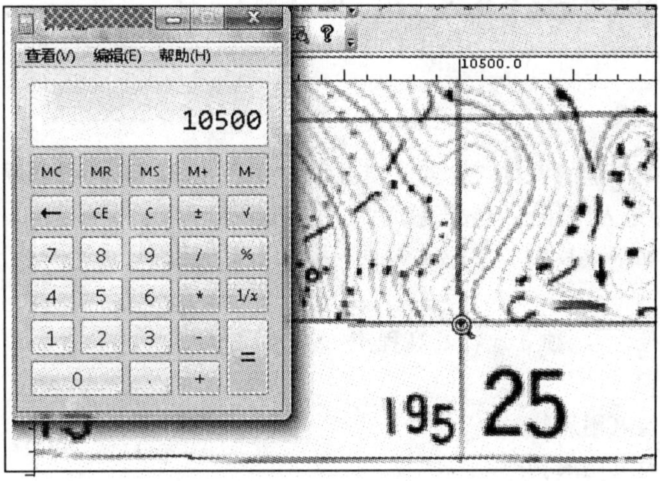

图 53　检查校正结果

中的控制点。

(3)点击“参考图层管理”按钮，弹出“参考图层管理”对话框(图 54)，添加生成 1∶5 万图框的线文件，这时左右有两个窗口，左边是要校正的图幅，右边是参考图层。

图 54　参考图层管理

(4)点击“添加控制点”按钮。将鼠标对准影像的 4 个角点，光标变为紫色则说明对准，鼠标点击即添加控制点，然后在参考图层的对应位置添加相应的控制点。

(5)点击“校正预览”按钮，对影像进行精校正，结果保存到地理数据库。

(6)在地图编辑器中添加参考图层图框线文件，校正后的非标准影像数据，查看影像边界是否与参考图层的图框边界完全套合，是则正确，否则不正确。

（六）矢量化

1. 划分图层

划分图层要利用图形的编辑与检索。当对每个要素进行编辑时可以调入相应的图层，无关图层不调入，这样进入工作区的数据就可以大大减少。

地形图的分层如下：(只作参考)

第一层　方里网

第二层　测量控制点、独立地物及高程点

第三层　居民地

第四层　交通及其附属物

第五层　水系及其附属物

第六层　等高线

第七层　特殊地貌

第八层　境界、管线

第九层　植被

第十层　注记

2. 装入光栅文件

在地图编辑器右键新地图点击"添加图层"，添加数据库里的影像数据。

3. 新建图层

在地图编辑器右键新地图点击"新建图层"，根据分层设计结果新建相应图层，新建图层需要根据分层信息规范命名，并保存到数据库里(图 55)。

图 55　新建图层结果

根据分层信息，设计矢量化的先后顺序，激活当前预备进行矢量化的图层。

4. 设置矢量化参数

点击"矢量化"菜单下的"矢量化设置"项，弹出"选项设置"对话框，如图 56 所示设置矢量化参数。

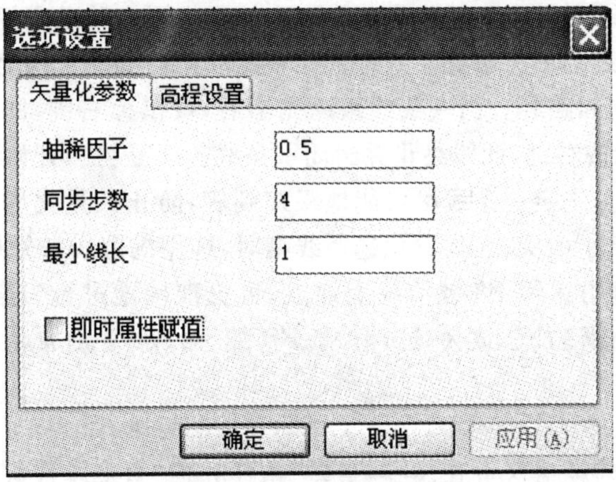

图 56　矢量化参数设置

5. 矢量化

矢量化的目的是把读入的栅格数据通过矢量跟踪，转换成矢量数据(图 57)。可以打开创建的图例板来辅助矢量化。矢量化方法可参见实习十。

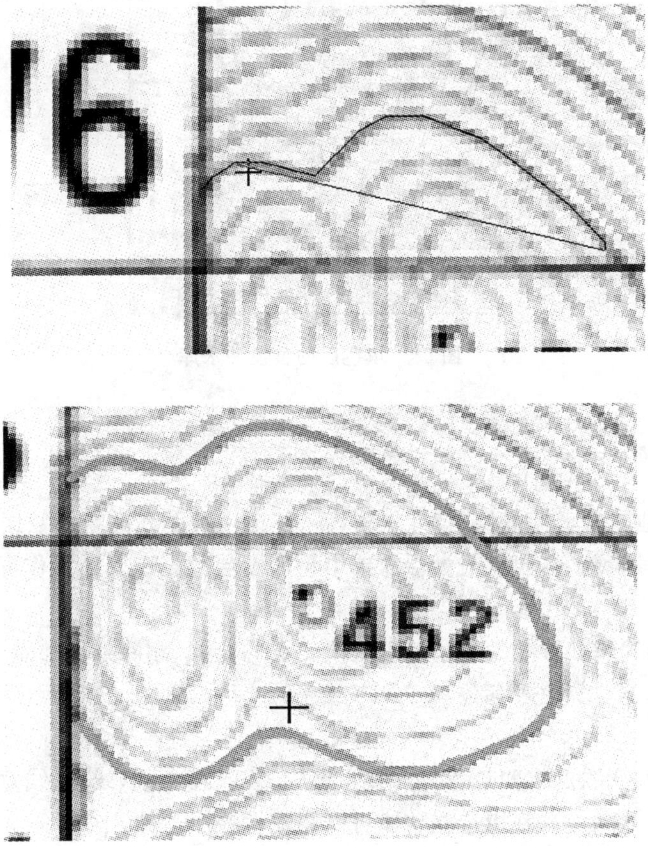

图 57　矢量化效果

选择"矢量化"菜单下的"交互式矢量化"项，在地图视图上移动光标，选择需要追踪的矢量化的线，沿着栅格数据线的中央追踪。系统会在跟踪一段遇到交叉的地方就会停下来，让用户选择下一步的跟踪方向和路径。当一条线跟踪完毕后，按鼠标右键，即可终止一条线，如果此时按住 CTRL 键，同时按右键，此线终止并封闭一条线。于是可以开始下一条线的跟踪。

在矢量化等高线时，选定一条线尽可能地跟踪到底，防止矢量化后断线太多，给以后的工作带来许多不便。对于小山头，在矢量化选择线型时，选用椭圆线来矢量化，可一步到位。

在弯曲度较大的地方采用 F8 键给线上加点，可更准确地进行矢量化。为了能熟练地进行矢量化，可用下列功能键：F5. 放大；F6. 移动；F7. 缩小；F8. 手工加点；F9. 退点；F11. 改变跟踪方向；F12. 捕捉线头。

6. 填色(图 58)

MapGIS K9 提供两种造区方式，一种是经"拓扑处理"自动生成区域称为自动化方式；另一种是用光标顺序跟踪这些轮廓线生成区域称为手工方式。造区填色方法可参见实习十。

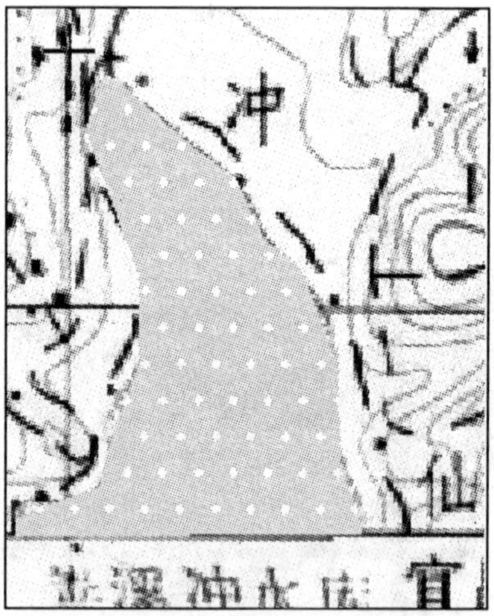

图 58　填色后的善溪冲水库

(七)图形编辑

MapGIS K9 地图编辑器提供了对点、线、面、注记 4 种图元的空间数据和图形属性进行编辑的功能，在进行编辑前，需要首先激活需要编辑的图层数据。具体操作可参见实习十。

1. 点编辑

包括空间数据编辑和参数编辑。前者是改变点的位置、删除或增加点等操作；后者包括改变点图元的图形、大小、颜色等参数。

2. 线编辑

包括增删线、改变线的空间位置，剪断线、编辑、修改线参数(线型、线宽及线色)，还可以进行线上加点、删点、移点等。利用这些功能可以删除一些小弯曲。

3. 区编辑

包括区域的形成，区域属性的编辑，区域几何数据的编辑等。

4. 注记编辑

包括输入注记、删除注记、移动注记、复制注记、对齐坐标、修改角度、修改字串、子串查找与替换、剪断、连接字段、修改参数、属性。

(八)拼图

1. MapGIS 6X 格式数据处理

若矢量化工作是在 MapGIS 较低版本，如 MapGIS 67 上面完成，则矢量化后的数据为 MapGIS 67 格式的点、线和面文件，需要进行数据的导入工作，导入操作见实习二。

2. 添加矢量数据

启动“地图编辑器”，添加数据库里的矢量数据，可以按住 Shift 键一次性选择(图 59)。

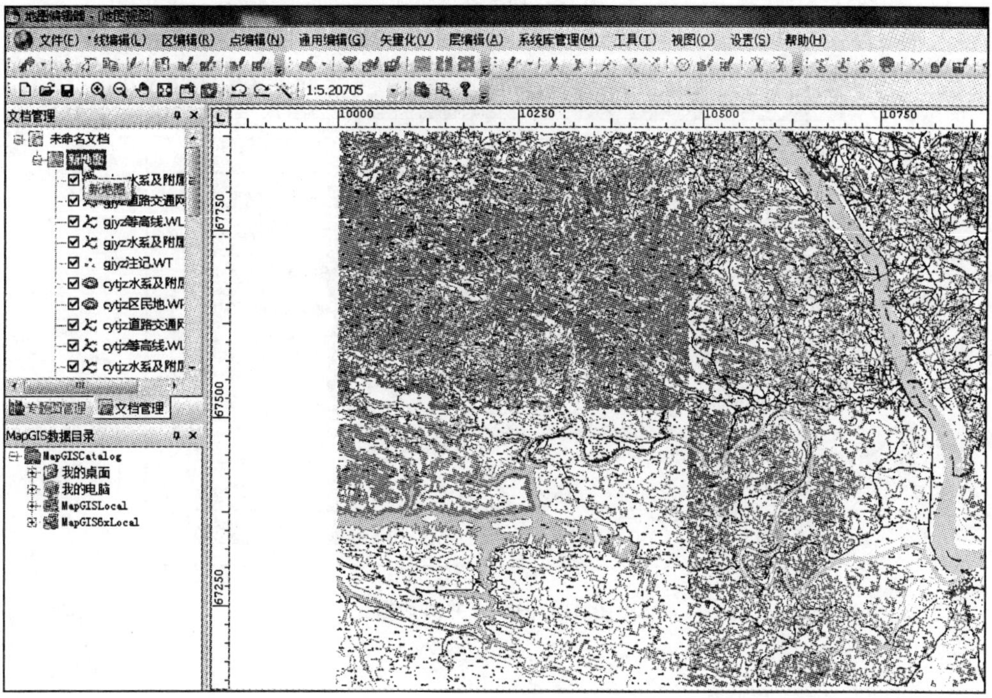

图 59　多个矢量数据叠加显示

3. 合并图层

由于本次实习是由多位同学合作而成，因而需要将不同同学完成的相同图层数据(如等高线等)进行合并。合并图层只能是同类型的要素才能合并，即区与区合并、线与线合并、点与点合并、注记与注记合并。按住 Shift 选择同类型要素的图层，点击合并图层，选择路径，命名并保存在数据库。

在地图文档上选择需要合并的多个图层，鼠标右键选择“图层合并”按钮，系统弹出“图层合并”对话框(图 60～图 62)。

4. 图层内要素拼接

通过线上点编辑和结点平差等操作拼接图层内的各种要素，主要是线要素和区要素。

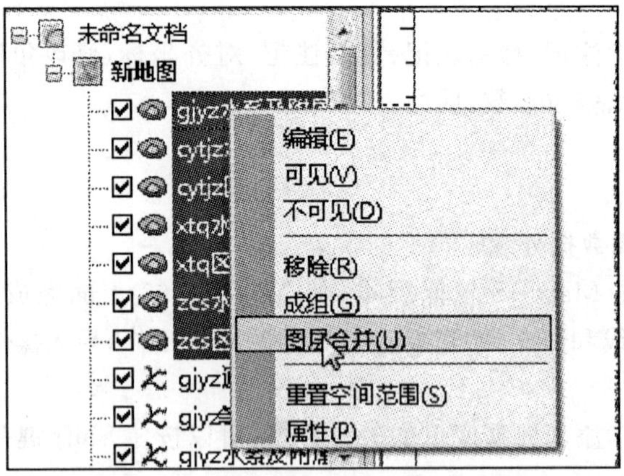

图 60　图层合并操作

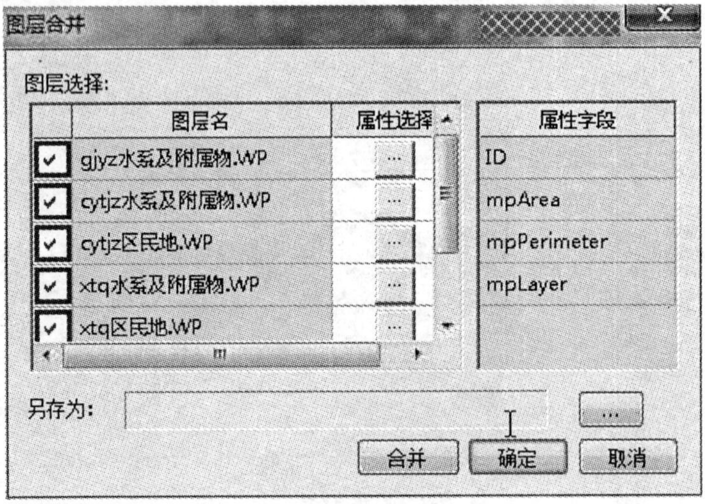

图 61　图层合并对话框

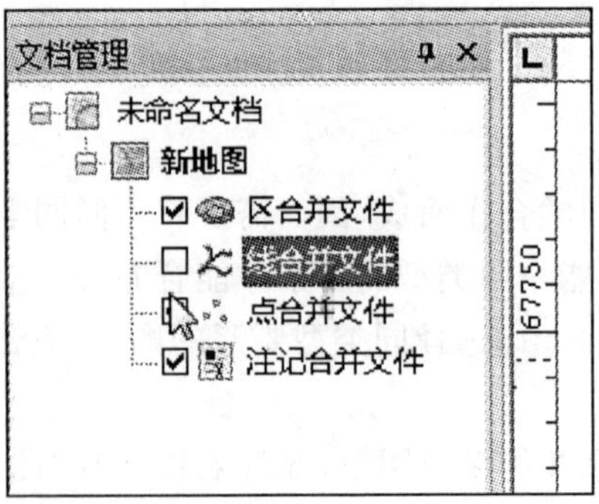

图 62　图层合并结果

(1)线上点编辑。线上点编辑功能主要用于实现线上点数据的编辑操作,实习中经常用到的有“线上加点”、“线上删点”和“线上移点”3 种。

线上加点用以在线上增加组成线的坐标点。点击“线上加点”,在视图上左击选择单个线,线和线上所有点都高亮显示;在线上左击添加点,在加点处按下鼠标左键(不松开)拖动鼠标,可拖拽点到任意位置;松开鼠标左键,点的位置确定;可重复进行加点的操作;单击鼠标右键,数据更新生成,操作完成。

线上删点用以删除组成线的线上坐标点。点击“线上删点”,在视图上左击选择单个线,该线以及线上所有点都高亮显示;在欲删除的点上按下鼠标左键,该点即被删除;可重复上述操作,直至该线只剩两个点;单击鼠标右键,数据生成,操作完成。

线上移点可以实现移动线上坐标点以改变线形状。点击“线上移点”,在视图上左击选择需要移点的线,线以及线上所有点都高亮显示;把鼠标移动到线某点处,按下鼠标左键(不松开)拖动鼠标以改变点的位置,松开鼠标,点位置即被确定;可重复上述操作;单击鼠标右键,数据生成,操作完成。在按下鼠标左键选择要移动点后按下组合键“A”,弹出“输入地图坐标”对话框(图 63)。

图 63　输入地图坐标

当前修改点会用红色标记,输入地图坐标 X、Y 值。点击“下一点”,可逐点进行准确定位,点击“完成”,点自动被移动到所输入的位置。组合键“Ctrl+R”可从头至尾逐个顺序手动移点。

(2)结点平差。结点平差是较为常用的线数据接边整理工具。由于数字化误差,几条线或弧段在交叉处,即结点处没有闭合,留有空隙。为了拓扑处理的需要,也为了拓扑关系的严格性,需要将它们在交叉处的端点捏合起来,成为一个真正的结点(图 64)。

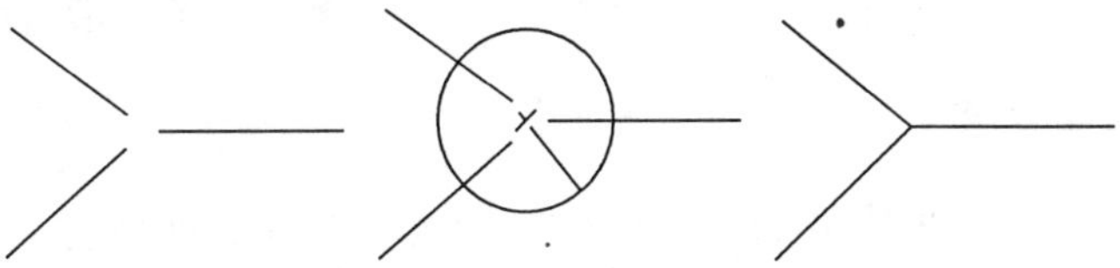

图 64　结点平差工作原理

结点平差操作和“圆心、半径造圆”相同，在想要各点捏合的地方单击且拖动鼠标拉出一个圆，将需要捏合的点都圈进来。落入平差圆中的线头坐标将置为平差圆的圆心坐标。

(九)整图变换

本次实习要求将四幅 1∶5 万地形图拼接成一幅 1∶10 万地形图，因此，根据比例尺的不同，拼接后的地形图需要进行一定的缩放，方可成为 1∶10 万地形图。

选择“通用编辑”菜单下的“整图变换”项中的“整图变换(键盘输入)”，系统弹出“图形变换”对话框，设 *XY* 方向比例参数均为 0.5，同时勾选“参数变化”选项，将原图缩小至 1/2。

(十)生成 1∶10 万标准

图框生成方法见实习八，图框的起点经度纬度设为与地形图的西南角的经纬度一致(图 65)。

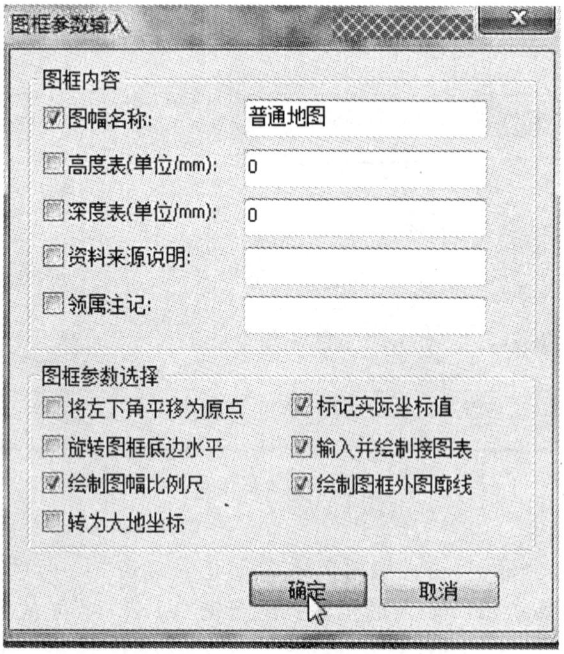

图 65 图框参数

(十一)用该标准框套原图

在地图文档中添加新生成的 1∶10 万标准框，标准框即可与原图套合(图 66)。

(十二)保存工程地图

点击“文件”菜单下的“保存”项，就会保存下该地图。下次打开地图，必须保证数据库都存在这些矢量数据，这幅地图才是完成的。

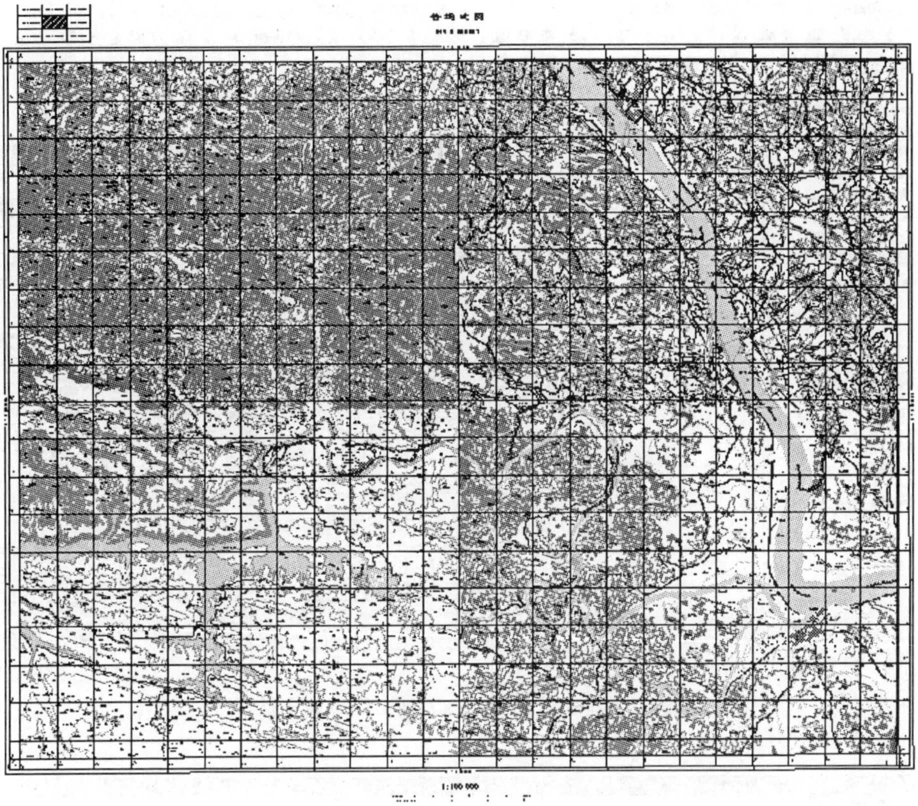

图 66　图框套合

(十三)输出

地图输出是 GIS 系统的主要输出手段，通过对各种输出数据进行统一的版面编辑处理、排版、进行图形的整饰，最终形成各种格式的图形文件，并驱动各种输出设备，完成输出工作。

MapGIS K9 的输出主要分成三大类：Windows 的格式输出、POSTSCRIPT 格式输出、光栅形式输出。

1. 进入打印视图

启动“地图编辑器”，打开保存的 1∶10 万地形图(图 67)。

点击“文件”菜单下的“打印”项，进入地图输出视图(图 68)。

打印设置有打印机、纸张(A3、A4、A5 等)、版面(有 A1、A2、A3、B1、B2、B3，还有适合纸张大小、用户自定义)与地图(可以选择要打印的地图)、预览选项。

输出整饰有版面工具、地图工具、整饰工具，可以添加文本、图例、指北针、表格等。

2. 进行页面设置

MapGIS 提供了多种页面设置方式。

(1)将地图打印到指定的一张纸张上。

选择纸张的大小，版面选择适应纸张大小，点击“按版面大小调整”，这样设置系统会根据

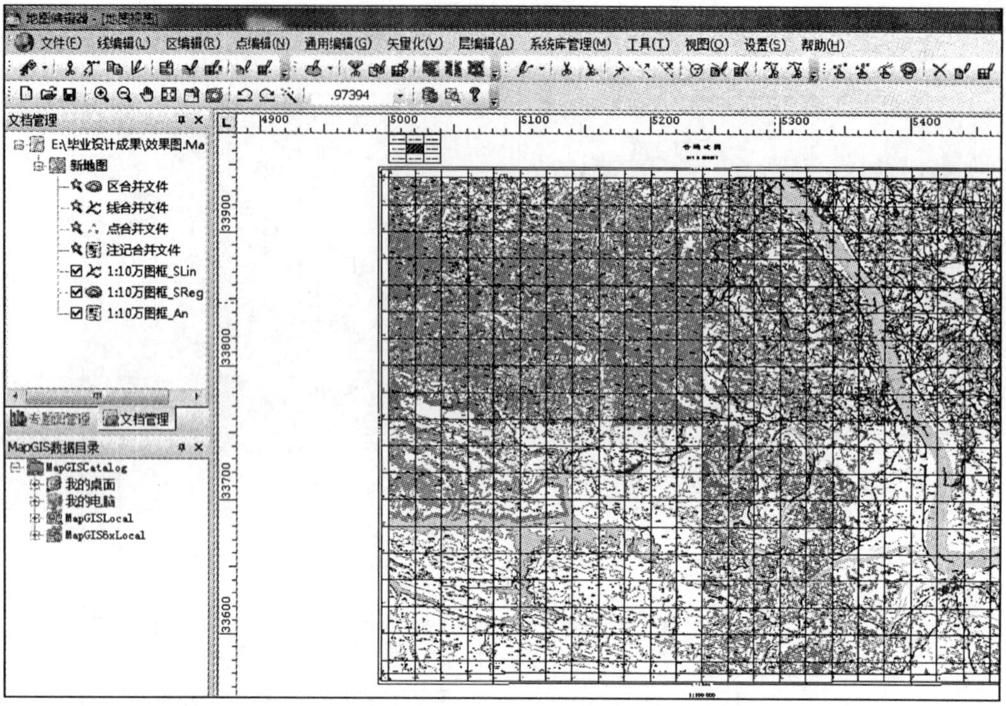

图 67　制作完成的 1∶10 万地形图原始文件

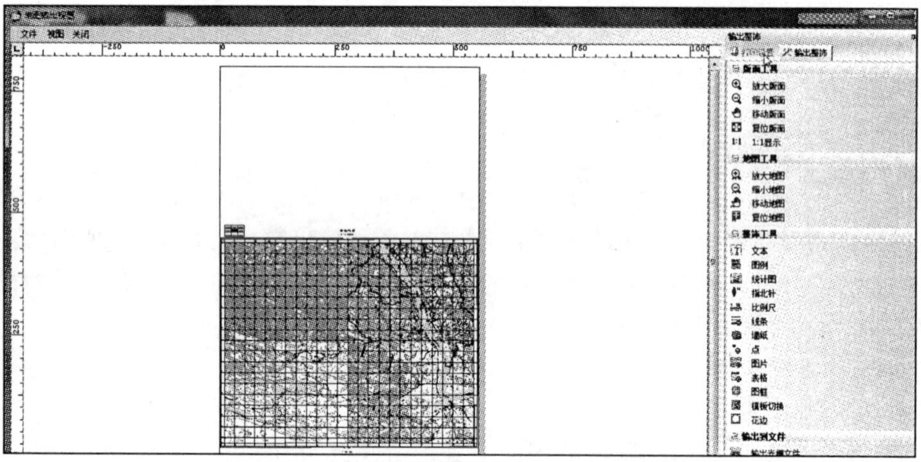

图 68　地图输出视图

纸张与版面的大小来调整，只需要一张指定的纸张就可打印地图。打印的地图偏小。

(2)将地图打印到指定的多张纸张上后拼接成一幅地图。

选择纸张的大小，版面选择其他的大小，点击“按版面大小调整”，这样设置系统会根据纸张与版面的大小来调整，分几张纸才能打印完地图，后拼接成一幅地图。打印的地图偏大。

(3)系统自动检测版面。

根据系统自动检测图幅的大小来设定页面的大小，根据选择的纸张大小与地图的大小，自动检测需要几张纸打印完该地图。

3. 输出光栅文件

设置完打印设置及输出整饰后即可输出光栅文件。在输出整饰中选择输出光栅文件，选择保存类型，有 .jpg、.tif 两种格式，设置好图片分辨率，有 72、300、600 三种分辨率。点击“保存”即可生成相应的光栅图片。

4. 连接打印机打印地图

点击“文件”菜单下的“光栅文件打印”项，有 HP 打印机、CANON 打印机、EPSON 打印机，安装哪种打印机就选择那种打印方式，设置好打印的参数即可将光栅图片打印。